喬木書房

喬木書房

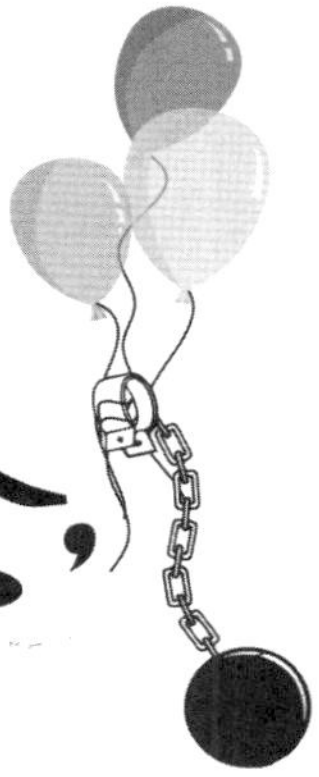

就算戴著腳鐐，也要舞出自己的風格

侯吉——著

不能因為別人給我們的種種制約，就讓我們綁手綁腳。

生命中唯一不變的事實就是變。要改變現狀，就得改變自己；
要改變自己，首先就必須改變你看待現狀的觀點。
不要只會抱怨，因為抱怨根本無法改變什麼。

人生遭遇低谷很正常，但永遠停留在低谷就值得反省了！

目錄

Chapter 2 只有你不能放棄你自己 41

Chapter 5
要知道自己擅長做什麼，不擅長做什麼 107
——由於，大多數人不瞭解自己的長處是什麼，因此經常事倍功半。

Chapter 6

即使是百分之一的事情，也要用百分之百的熱情 129

——一旦有了熱情，你就會主動地為自己出一點挑戰自我的難題。

Chapter 7
怕出錯的人，往往不敢放手去做 151
—如果什麼都不做，又如何知道我們到底會不會做錯呢？

Chapter 8

你會感到委屈，是因為只從自己的角度看問題

—你要想辦法瞭解事情背後的真正原因，以消除自己的負面情緒。

173

Chapter 9 如何減輕自己的工作壓力 195

——在緊張的工作空檔，適當地透過玩遊戲、開玩笑來放鬆一下心情。

Chapter 10

完美就像一副用自我期許打造的枷鎖 217

——即便你傾盡所有時間和精力，可是到最後終究還是不夠完美。

作者序

走出低谷，迎光向前

——人生遭遇低谷很正常，但永遠停留在低谷就值得反省了。

在這個就算努力也不一定會有收穫的鬱悶年代裏，「工作低潮」或「工作倦怠」已不是什麼新鮮事，它們總是埋伏在各種工作情緒之中。

工作低潮時，人們常連續幾天都無法入眠，心中彷彿有塊沉重的大石頭壓著。

時常發呆，腦中一片空白，沒有辦法打起精神來工作，對工作產生極大的厭惡感，對公司與同事有著不滿情緒，並且有一種快被逼瘋了的感覺。

另外，被不合理的工作量壓得喘不過氣，或者升官不成、加薪無分，在在都可能使你陷入自己的人生低谷之中。

當然，不同個性的人陷入谷底，會有不一樣的反應，但有一點是雷同的，那就是對自己的人生和工作沒有熱情。

美國文學家Ｒ．Ｗ．愛默生曾說過：「人如果沒有熱情是做不成大事業的。」大詩人烏爾曼也說過：「年年歲歲只在你的額頭上留下皺紋，但你在生活中如果缺少熱情，你的心靈也就將佈滿皺紋了。」

不論你有什麼頭銜，或是做什麼職業，都需要熱情。有了熱情，就能充分利用閒暇時間來做自己想做的一切。有了熱情，就能從工作中找到機會，就能把陌生人變成朋友，就能真正愛上自己的人生、自己的工作。

然而，喚起熱情最有效的方法，就是每當我們在人生中或工作上遭遇瓶頸和低潮的時候，必須不斷地提醒自己做「正向思考」，也就是只要我們每天懂得做「正向思考」，就能再度燃起自己對人生、對工作的「熱情」，換句話說，就算是戴著腳鐐，我們也要舞出自己的風格。

其實，人生遭遇低谷很正常，但如果永遠停留在低谷就值得反省了。本書就是一本要教你每天用「正向思考」來提升自己心靈正能量的書，書中每篇本文後面都有一個令人深省的「一分鐘正向思考」單元，也就是只要身陷人生低谷的人，每天懂得用「正向思考」來燃起面對挫折和煩惱的鬥志和熱情，以及將「正面思考」當成「人生陽光」的方向，相信就可以讓自己「走出低谷、迎光向前」。

Chapter 1

就算戴著腳鐐，也要舞出自己的風格

——的確，不能因為別人給我們的種種制約，就綁手綁腳。

做屬下真難，既要讓上司滿意，又要有自己的想法，就像是戴著腳鐐跳舞，想跳出自己的風格，可是腳上的鏈條總給你帶來羈絆，舞起來不舒展也不自在。

1 明明是一匹千里馬，為何偏偏遇不到伯樂

—因為，你在那些尋找千里馬的伯樂眼中，可能只是一匹資質普普的馬。

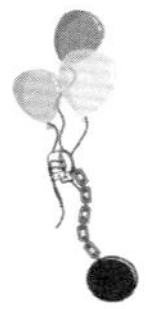

剛剛走出校園的大學生，常常會有「英雄無用武之地」的悲嘆，怨天尤人，憤世不公，總認為自己一身的好武藝，就像帥才韓信一樣，在還沒遇到蕭何之前，只做了個馬夫。

其實天下伯樂極少，千里馬也極少。韓信不遇蕭何，只有做馬夫；劉備找不到孔明，也只得無可奈何。據說世界上被埋沒的天才超過被發現的天才的一百倍。可見「懷才」，而且在適當時機又遇見伯樂的事情，真是少之又少，所以，遲遲無法遇見賞識自己伯樂的你，也不必太大驚小怪的。

事實上，在大多數情況下，「才」無非是人們謀生的一種技能，只要能用自己

擁有的「才能」來滿足自己的生存狀態，就不會有「懷才不遇」的感嘆。

然而，我們之所以會有「懷才不遇」這樣的感覺，主要是因為自己把自己定位得太高，脫離了現實情況，也就是你所懷的「才能」，在別人眼中，可能一文不值。或者是我們沒有主動出擊，去尋找賞識自己的伯樂，以及向有可能肯定自己的伯樂，毛遂自薦。

因此，不要再抱怨自己「懷才不遇」了，因為，如果你真的是一顆鑽石，即便是掉到水溝裏，別人也會想方設法地把你撿起來。

一分鐘正向思考

我們為什麼會有「懷才不遇」的感覺？

一、主要是自己把自己定位得太高，脫離了現實情況。

二、沒有主動出擊，去尋找賞識自己的伯樂。

三、你所懷的「才能」，在別人眼中，可能一文不值。

2

擁有碩博士學位的人，薪水還不如一個餐廳主廚

—因為，會讀書的人很多，但是會燒一手好菜的人很少。

懷才之人與社會需求的關係其實很簡單，也就是供與需的關係。如果一個人學成的才能，剛好為社會所急需的，又何愁遇不到伯樂呢？

所以在美國拿綠卡，中菜大廚優先於一般的碩、博士就毫不奇怪了，因為在美國當地缺乏的就是會做中國菜的大廚，而不缺碩、博士，因此，即使你是擁有博士學位的學者，也只有乾瞪眼的份。這個比喻再恰當不過了，事實就是如此。

可能你會抱怨我們的社會制度有問題，或者伯樂太少。事實上，只要是個人才，而且想真正成為一個有用之人，那麼無論在什麼工作職位，有沒有遇到伯樂，都會成為有價值的人。殊不見，有多少人默默地在需要他們的平凡職位上盡顯才

能，做出了驚天動地的大事業，他們哪一個人曾經抱怨過？

因此，「懷才不遇」與社會制度的性質以及有沒有伯樂的關係不大，而是和市場的供需平衡休戚相關。

因為，市場這個無形之手對天才和常人一律平等，也就是如果市場需要你所懷才能的職缺，那麼即便你的才能是修車工，你找到伯樂的機會，相對也會比其他行業大。

然而，聰明的人，面對多變的市場需求，不會浪費時間去感嘆懷才不遇，而是會充分利用一切機會，多學習知識和技能，以應社會之需。

一分鐘正向思考

不要再抱怨社會制度，或者是伯樂太少。

因為抱怨我們的社會制度有問題，或者伯樂太少的人，永遠沒有時間來提升自己和充實自己的本質學能。

3 就算戴著腳鐐，也要舞出自己的風格

—的確，不能因為別人給我們的種種制約，就綁手綁腳。

想想看：在一群人裏，你能不能隨心所欲？職場不是自己的家，上司不是你的親人，你也不是不懂事的孩子。不只是你，個性誰都有，但公司可以提供你展示才華的舞台，卻不能給你任性的機會。

在公司裏，做屬下真難，因為既要讓上司滿意，又要有自己的想法，就像是戴著腳鐐跳舞，想跳出自己的風格，可是腳上的鏈條總給你帶來羈絆，舞起來不舒展也不自在，因此，戴著腳鐐的屬下，想跳出自己的風格是需要技巧的。

一般而言，做別人的屬下是一個人進入職場的第一步，這一步走不好，以後的道路可能就會更艱難。所以，要想將來出類拔萃，就必須在平時做到工作勤奮，辦

事圓融，關係和順。

首先，你要準確領會，確實執行。一切工作都是從接受上級指示和命令開始的。當上司要委派工作給你，你應立即開始記錄。其間切勿打斷上司的話，應該邊聽邊總結要點，充分理解指示內容，明確完成工作的期限、人員、重點和順序。

對上司做出的正確決策、委派的任務應及時、切實地執行，切勿拖拖拉拉，要養成幹練的工作作風。如果上司做出的決策，確實與你的想法不一致，那也不必大驚小怪。即使有意見，也要在私底下找上司來溝通，提出你的看法。

要知道無條件的執行，並不表示不能沒有個人的看法，但是即使再有任何想法，上司再有錯，你也不要做出徹底否定上司決策的事情。

一分鐘正向思考

不要質疑上司所做的決定。

條條大路通羅馬，解決問題不只有一種方法，上司選擇了這種，自有他的道理，你所要做的就是執行，堅決執行。

4 如果發現選錯工作，就應該重新做選擇

—不過，很多人都因為怕會前功盡棄，因此不想讓自己重頭開始

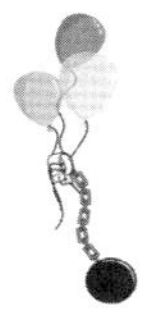

入錯行的人，好比踏上一條職場不歸路，不回頭，前面的路越來越渺茫；想回頭，太多的東西需要放棄，而且什麼都需要從頭再來。

入錯了行，回頭還是不回頭？面對這個問題，相信很多人都會感到左右為難，因為，一個人的生命是最寶貴的，如果回頭重新換行業，那麼等於白白浪費了之前的那些青春。

一旦決定換行業，離開原本的行業，不僅意味著這一切都必須從頭開始，而且，誰也沒辦法保證自己換了工作，一定能比現在做得更好，這才是我們考慮該不該換行業的關鍵所在。然而，一般情況下，誤入職場不歸路有以下幾種特徵。

一、對這份工作沒興趣：當你投入工作較長一段時間之後，突然失去對工作的熱情，調整之後，仍然無法從工作中獲得樂趣，即使你的工作做得還不錯。

二、專業特長難有發揮：你從事的工作很難將你學到的專業知識或特長發揮出來，總是感覺有力沒處使。很多人認為這是無關緊要的，也有很多人習慣了無法「學以致用」，可是過了一段時間之後，就會有誤入歧途的感覺。

三、個性與工作要求難以兼容：比如你的職業要求你細緻入微，但你天生就粗心大意，這就使你常常在工作中，因為一些很細小的問題而影響全局，而且，常常是因小失大。

一分鐘正向思考

重新選擇適合自己的工作。

如果工作一陣子，發現自己所選擇的工作不適合自己，必須當機立斷重新選擇一個適合自己做的工作，千萬不要因為「即使換了，也未必比原來的更好」的理由，而不去重新選擇適合自己的工作。

5 不管是退出還是繼續，都要為自己的選擇負責

—但是，很多人非但不為自己的選擇負責，還將責任推給他的老闆和同事。

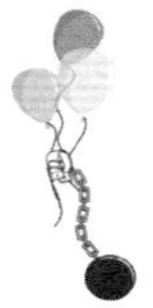

很多人常常想要透過自己的努力來說服老闆，然而，一旦說服不了，就認為自己是進錯公司。但是問題其實是在你身上，也就是做為部屬的你，自己無法融入到老闆所主導的想法之中。

另外，被同事孤立，也是讓自己認為進錯公司的原因之一，其實，一個人由於處事不注重溝通，很容易被排擠到團隊之外。現在的工作都非常講究合作，無法做好人際關係，就不可能在工作上有所作為。

如果一個人總是無法在工作上獲得別人肯定，總是認為付出與收穫不平衡，那麼他早晚會陷入該不該換工作的兩難選擇當中。

然而，如果選擇重新開始，不管過去有多麼風光，都不要再留戀過去；如果選擇了不回頭，就應該學會忘掉所謂的「正途」，努力做好眼前的每一件事情，但無論最後的選擇是什麼，都應該牢記，必須為自己的選擇負責。

事實上，沒有人能夠分辨自己真正是走在了正途上還是歧路上。今天你或許感到這個工作很適合你，但過沒多久，也許你發現自己更適合另一條路。或者說，根本就沒有所謂的職場正途、歧路之分，一切取決於你的態度，也就是只要積極看，都是正途；只要消極看，都是歧路。

一分鐘正向思考

不管選擇退出還是繼續，終究還是要做出選擇。

選擇的確是痛苦的，但不做出選擇更加痛苦。有些人一直在歧路上輾轉走不出去，等到轉出去，人都老了。但是只要有一點點自信，就能創造奇蹟，不管你選擇退出還是繼續。

6 只要肯努力，就一定能夠得到老闆的賞識嗎？

—這可說不定，因為老闆容易患「近視」，雖然你拚命工作，他卻視而不見。

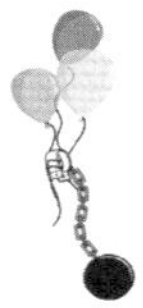

老實的你從不張揚，總是默默地做事，希望老闆有一天能看到你的成績，給予你所要的。然而，令你苦惱的是老闆總是沒有發現你這個「千里馬」，你總是苦苦等不到晉升的機會。

尤其讓你無法忍受的是，老闆多次把本該屬於你的功勞算到了別人頭上，更讓你傷心的是，老闆居然叫不出你的名字！而這一切的問題，其實都出在你不懂得在老闆面前表現自己。因為，傳統思想一向以謙遜為美德，直接地宣揚自己被看成是不謙虛，對爭強好勝之心，人們也存有非議，這使得老實人因害怕別人說自己喜歡邀功，而不敢表白。

因此，不聲不響地埋頭苦幹，成為老實人的特徵。老實人就像一頭水牛，只問耕耘，不問收穫，因為你相信，只要自己努力，就一定能夠得到應有的回報，因為每一位員工的工作，老闆都會看在眼裏，老闆應該不會虧待勤奮的人。

遺憾的是，這種想法太理想化，儘管老闆也不想虧待你，但事實上，老闆最容易患「近視」，雖然你拚命工作，他卻視而不見。

嚴格說起來，這不能算是老闆的錯，因為，老闆的注意力，通常會放在比較重要的人事上面，那些微不足道的小事和默默無聞做事的人，反而容易被忽視。

一分鐘正向思考

只要肯努力，你會獲得你想要的成果。

一、在這個「一分耕耘」不一定會有「一分收穫」的年代，很多人不再相信「一步一腳印」的道理，而只一味地在老闆的面前拚命做「表面工夫」來表現自己。

二、其實，這是一種短視的做法，因為「路遙知馬力、日久見人心」，只要肯努力，總有一天，你會獲得你想要的成果。

7 你要看緊屬於自己的功勞

——否則，你辛辛苦苦的成果，就會被別人「割稻尾」，據為己有。

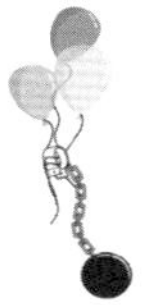

在這個競爭激烈的職場中，每個人都要懂得看緊屬於自己的功勞，比如你熬了幾個通宵，費盡心思地完成了一個企劃後，你想請你的好同事提供一些意見，希望企劃在修改後能更加完美，然後，再交給你的上司。

沒想到，等你交給了上司過沒多久，上司就把你給找來，並且說：「我本來很欣賞你的才華和敬業精神，沒有新點子也沒什麼，做個樸實的人也很好，但你不該剽竊他人的創意。」然後，遞給你一份別人做的企劃書，竟然和你那份驚人相似，而署名者竟是看過你企劃書的好同事。你能說什麼？什麼也不能說，因為你沒有任何證據證明你的清白。

所以，不管你和哪個同事的關係有多好，千萬不要把自己還沒有呈交給上司的企劃書給他看或說給他聽，否則，你就要吞下功勞被搶的苦果，其實，這是老實人常犯的一個錯誤。

如果你的同事向你要做完的企劃書，謙虛地說想跟你學習一下，你可以做技巧性的處理。比如你可以給他另外一份不同的企劃書，但暗地裏早已把你的企劃書交給了主管。或者是你將企劃書給他的同時，就跟他說你已經呈報給了主管，如此一來，他可能比較不敢那麼有恃無恐地抄襲你的構想。

一分鐘正向思考

不要在無形中製造讓別人搶你功勞的機會。

其實，在看緊自己的功勞之前，必須先自我反省一下，自己是否在無形中製造讓別人搶你功勞的機會，譬如將自己辛辛苦苦做好的企劃案，在還沒交給主管之前，就給跟你有競爭關係的同事看。

8 換個角度來看，「揹黑鍋」未嘗不是一件好事

—因為，至少可以讓你看到老闆的嘴臉以及人心的險惡。

在職場，老闆找你「揹黑鍋」的事情，若是偶爾發生，那就不必驚慌，沉著應對，只要老闆找你揹的不是會被「法辦」的事情，最好還是盡量按照老闆的想法去做，不然，未來的你是不會受到重用，更不要奢望會得到晉升的機會。不僅是你，即使高階主管也是常得揹黑鍋的。例如：裁員，受傷的總是那些下令裁員的主管，也就是當董事會不願出面時，高階主管就得揹黑鍋。這是工作上的需要，因為這樣做可使矛盾集中在沒有決定權的中層，而減少高層的壓力。

短期而言，揹黑鍋是職場生涯的阻力，但長期來講，未嘗不是一件好事。因為，你由此增加了承擔重責的能力以及抗壓力，讓自己的見識變的更廣，也為自己

的晉升打下了基礎。你不可能總是遇到很合適的老闆，如果換個地方，由於你有了承受一切的底子，一開始，你可以表現得成熟老練，成長自然就會很快。

要知道「揹黑鍋」只是一時，自己是不是能成為主管願意重用，以及老闆心中有被利用價值的人，才是職場生涯中最重要的事。

一分鐘正向思考

把「揹黑鍋」當成培養自己承擔重責的能力。

長期來講，「揹黑鍋」未嘗不是一件好事。你由此增加了承擔重責的能力和抗壓力，讓自己的見識變的更廣，也為自己的晉升打下了基礎。

9 你要不露痕跡地讓別人注意你的功勞

—因為，你不去宣傳，老闆不一定會知道這是你的功勞。

有了成績，必須要讓老闆知道，放在角落裏，其實和沒有是一樣的，除非你什麼都不想要。

找到機會，你可以用一種間接、自然不做作的方式來展示自己的功勞。不習慣自我推銷也不用怕，可以請別人助你一臂之力，而且，你會發覺，不露痕跡地讓人注意到你的才華及成就，比自誇的效果更好。

但如果你挖空心思想出一個好主意，或者你勤奮工作，為公司發展做出極大貢獻，但卻有人試圖把這份功勞歸為己有，這時候的你，應該理直氣壯地奪回屬於自己的功勞。

正確的方法就是開門見山，直接把結果告訴你的老闆。如果時間允許，老闆想知道細節，再進一步詳細說明。但應該盡可能做到簡明扼要，並且記得先感謝別人，再提自己的功勞。

另外，不要評說是非曲直，只要讓老闆知道事情的真相就可以了，老闆自己會思考，否則，老闆可能會覺得你這個人太急功好利了。

一分鐘正向思考

你的表現至少要間接讓你的老闆知道。

一、其實，現在已經不是以前那個「為善不欲人知」的年代，因此，只要有「表現」，就一定要設法讓應該知道的老闆知道。

二、如果你不好意思直接讓老闆知道，至少也要用間接的方式，否則，你再有如何好的表現，也等於是在做白工。

10 幫老闆承擔適當責任，但絕對不是揹黑鍋

—不過，有時候，要不要幫老闆揹黑鍋，也不是員工自己可以決定的。

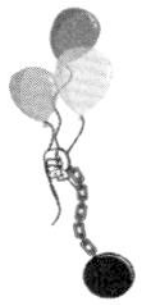

工作中，如果老闆指名要你替他揹黑鍋，那你揹還是不揹？這個問題確實很難回答，因為，揹，自己冤枉；不揹，得罪老闆。

揹黑鍋是一種學問，不是適不適合揹，或者揹黑鍋好不好，而是要看自己在什麼職位和層級。

做為一般員工，非必要的話，儘量避免挺身而出承擔責任。但是，如果不幸被迫一定要幫老闆揹黑鍋，那也只有啞巴吃黃蓮的份了。

專家分析：被指派揹黑鍋通常有兩種情況。一種是老闆處於無奈必須尋找一個人來代為受罰，他把你當成心腹，只要你承擔下來，他往後將會很器重你，並且尋

找機會來報答你。這種情況代表你已獲得老闆的信任，你可以放心大膽地去揹就是了，不必擔心會有不測，即使有，關鍵時刻他也會替你開脫。

另一種情形剛好相反，你不是他的人，卻被指派揹黑鍋，而且擺明老闆就是要犧牲你來成全自己。這時，你可能很危險，一定要多跟老闆溝通。溝通之後，如果老闆還是堅持要你揹黑鍋，那你就應該徹底醒悟了，因為你跟你的老闆的關係，應該是出了問題。

一分鐘正向思考

偶爾可以幫老闆揹一下黑鍋，但不是經常。

如果你的老闆再三地要求你揹黑鍋，也就是一有問題就是你來擔，那說明你和老闆之間的矛盾太深，如果真的無法溝通，最好考慮換一下工作。

Chapter 2

只有你不能放棄你自己

—但是，很多人往往都是自己先放棄自己

如果你總認為自己不行，在現實生活中，你的內在潛能就難以發揮出來，努力提升你的職場自信，要永遠記住即使老天拋棄了你，你自己也不能放棄自己。

11 不要以為上司什麼都懂

—有些上司明明自己對業務陌生、外行，卻裝懂、裝內行。

有的上司似乎很健忘，常常顛三倒四，自己講過的話、做過的決定，沒有幾天他卻忘記了，弄得你左右為難。最好的對策是，當他向你分配任務時，你需要不厭其煩地多問他幾次，特別是某些細節要多請他拿主意，從而使上司加深印象。

有的上司似乎很糊塗，分配工作時沒有明確具體的目標和要求，甚至有時前後矛盾。但你可不要真的以為他糊塗，那不過是他的領導風格。也就是對把握不定的事，他往往採取這樣的態度，而這正是他推卸責任的一種手段。一旦你照自己的理解去做了，他就會責怪你，並說他的要求不是這樣，是你弄錯了。

在這種情況下，你只有打破沙鍋問到底，在接受工作時，一定要詳細問清楚具體的目標和要求，並一一記錄下來，讓上司核准後再去進行，否則，你就可能會受到不白之冤。

不要以為上司什麼都懂，有些上司自己明明對業務陌生、外行，卻裝懂、裝內行，處處想顯示自己的能力，而且特別忌諱別人指出問題，來顯示出自己的無知。

面對這樣的上司，可用靈活的方法來對待。如果是重要的、原則性的問題，可以據理力爭，絕不能遷就，若是無關大局的小問題，則可以謙讓一點，為他留點面子，畢竟得罪上司不是件好事，惹不起的還是要躲避。

一分鐘正向思考

面對健忘的上司，你可以這麼做？

一、當健忘的上司向你分配任務時，你需要不厭其煩地多問他幾次。

二、你還可以把他的話，用簡短的語言重覆給他聽，分出要點，取得他的認可。

12 如果上司既平庸又喜歡爭功諉過

—要是你的功績全部被他佔為己有，就需採取措施，奪回屬於你的東西。

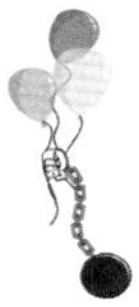

有的上司較為內向，不善與人交流，但這並不意味著他不需要交流，只是他使用的方式不同罷了。相對於面對面的交談，他可能更喜歡讀e—mail或line，你可以將這些視為與他溝通的最好方式。

但是當你遇到重要的事情時，還是必須經由交談來表示你的態度，比如一起吃飯，既不會受到其他同事的干擾，又能和上司做最直接有效的溝通。

另外，有一種上司似乎缺乏做上司的基本條件，總喜歡在屬下之間製造是非和矛盾，而且還會在老闆面前，打屬下的小報告。

面對這種「小人型」的上司，絕不能一味忍耐，一定要找對時機，當面揭穿其真面目，然後主動找老闆說明情況，讓老闆瞭解事情的真相。

如果你的上司平庸而無創新精神，卻喜歡爭功諉過，你也不必太在意，完全可以用一顆寬容之心對待。因為，把困難留給屬下去做或把責任推給屬下去承擔，只能表明上司的無能，但這對你來講未必是壞事，至少多了磨練和顯露才華的機會。

但是如果你的功績全部被他佔為己有，那麼就需要採取措施，奪回屬於你的東西了。因為，維護自己的利益是無可厚非的，你必須讓上司知道，你做人還是有原則的。

一分鐘正向思考

如何面對「小人型」的上司？

一、絕對不能一味忍耐，一定要找對時機，當面揭穿其真面目。

二、主動找老闆說明情況，讓老闆瞭解事情的來龍去脈和真相。

13 改變自我是突破停滯的關鍵點

——自信和改變是突破停滯的兩把利劍。

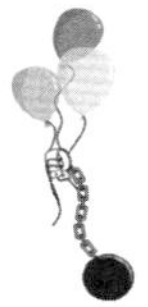

所謂的「停滯期」，就是指個人在生涯發展中的某個階段，所能夠獲得進一步晉升機會的可能性非常小，此時的生涯，即進入一個相當長的時期裏，無法提升的狀態。

陷於人生停滯期的人，常常覺得自己就像掉進陷阱一樣進退維谷，他們不知道如何才能突破這種近乎絕望的桎梏，而且害怕嘗試。

有時候，你就像被現實駕馭的驢子，理想就像吊在鞭子下的青草，鞭子在不時地抽打你，不管你跑得多快，卻永遠也吃不到青草。可是一旦放棄對理想的追逐，你就會發現，鞭子吊著的青草就在眼前。人似乎都在犯著這樣一個錯誤，在追逐中迷失了自己，如果不停止、不做出改變，你就永遠無法獲得你想要的。

降臨在這個世界，人便陷入動蕩不安的境遇之中。悲哀、憤怒、憂慮、愧疚和煩惱，可能會不間斷地困擾著每個人，給人們的精神套上沉重的枷鎖。面對現實的挑戰，你能抵禦消極情緒的襲擊嗎？你能征服煩惱嗎？你能夠主宰自己嗎？回答是肯定的，問題的癥結就在於你準備了什麼樣的方式。

如果你選擇喜悅的事情來思考，肯定是神采飛揚；如果你毫無信心，必定失敗會接踵而來。

總之，你必須運用自己自由選擇的權利，做為自己生活的主宰，你每天都可做出改變自我的選擇，只要你認為有這個必要。

一分鐘正向思考

停滯並不可怕，只要你能去正視和面對。

一、只要你能勇敢的面對，努力調整，就能擺脫困境。

二、相反，如果消極逃避，拒絕承認，只能使情況越變越糟。

14 讓你的目標，隨著人生各個階段調整

—不要把事物看成都是「非黑即白」，世上沒有什麼是絕對的。

不論你的工作多麼成功，都應該在人生的不同階段做些調整。因為世界處在變化中，隨著年齡的增長，原來視為重要的事情已經不再重要了，成功的機會也逐漸地減少，所以你應該建立新的成功觀念。當你事業顛峰期已經過去，而你仍沉迷於事業第一，而不調整價值觀，最後終將因為失落而陷入痛苦。

有一位年輕人因車禍而導致殘廢，他非常痛苦，卻又不甘消沉，於是就去問心理學家：「你認為我還有前途嗎？」心理學家告訴他：「如果你想當個跳高運動員的話，那是沒有前途；如果你想做個有作為的人，那就還大有前途。」

很顯然，這位不幸的人，他合理的生活目標已經因為車禍而突然改變了。如果

他還保持原來的目標不變，那他一定會非常痛苦，因為，他再也不是原來的他了。所以應該面對現狀，重新建立合理的奮鬥目標，找一個適合自己，而又喜歡的工作。

讓你的目標合理起來，不要把事物看成都是「非黑即白」，世上沒有什麼是絕對的，你認為好的，別人可能認為是不好的。因此，不要拘泥於自我的這個小天地裏，要多與人溝通，多交朋友，尤其多和精力充沛、充滿活力的人相處。

另外，遇到不愉快的事，要從好的方面著想，如此才能以微笑面對痛苦，以樂觀戰勝困難。

一分鐘正向思考

如果你已經不是原來的你，那麼你必須做什麼改變？

一、應該面對現狀，重新建立合理的奮鬥目標。

二、依照目前自己的現狀，找一個適合自己而又喜歡的工作。

15 不斷地為自己設定新的目標

——一旦你對現在工作駕輕就熟，就要想辦法改變現狀，去接受新的挑戰。

長期從事同一項工作，自然會產生倦怠感，而且變得憂鬱起來。因此，一旦你對現在的工作駕輕就熟，就要想辦法改變現狀，去接受新的挑戰。

另外，不要等著別人對你的工作做評價。每隔一段時間和你的主管會談一次，直接聽取他對你的工作的建議。一般情況下，主管都會耐心的給予你指導，因此，接受意見時，心胸要開闊，不管對與錯，都要把它做為學習的機會。

然而，在網絡時代的今天，需要你不斷的用知識來充實自己，利用各種機會為自己充電，接受來自各個方面的訊息，特別要學習新的觀念。

下面這則寓言會讓你有所啟示：一隻老貓見到一隻小貓在追逐自己的尾巴，便問說：「你為什麼要追逐自己的尾巴呢？」小貓回答說：「因為對於一隻貓來說，最為美好的事情便是幸福，而這個幸福就是我的尾巴，所以，我正在追逐它，一旦我捉住我的尾巴，便將得到幸福。」老貓說：「孩子，我也曾認為幸福就是自己的尾巴。但是，我發現每當我追逐自己的尾巴時，它總是一躲再躲，而當我著手做自己的事情，它卻總是形影不離地伴隨著我。」

的確，只要著手做自己應該做的事情，自己想追求的人生目標，自然就會形影不離地跟著我們。

一分鐘正向思考

適合自己、更能挑戰自己的位置。

一、你可以經由分析公司的目標來找到更適合你做的位置。

二、或者乾脆換一個工作環境，調到別的部門去重新挑戰自己。

16 你為何覺得自己不如別人

—因為，你習慣拿別人的長處來跟自己的短處做比較。

職場競爭如同大自然中的弱肉強食一樣殘酷。誰都想升職和加薪，但機會總是沒有降臨到你的身上。於是你總是覺得自己不如別人，生活失去了目標，彷彿自己被上帝拋棄，一葉孤舟不知道該航向何方。

消極的自我評價會使人畏縮不前，不敢在團體場合中自由發言，不敢在職場上與同事一爭高低，不敢去做一切本來有能力做，而且可以做好的事。一位哲人說過：「失去金錢的人損失很少，失去健康的人損失很大，失去勇氣的人就失去了一切。」因此，要有所作為，就必須學會正確自我評價的方法，去糾正偏激、消極的自我評價，以衝破心理束縛，揚起自信的風帆。

正確評價自己的優缺點，是克服感覺自己不如別人心理的有效方法。可以說，良好的自我評價對於人的自強自立、對於事業的成敗是至關重要的。

心理學認為，自我評價是自我意識的一種形式，是人們對自己的思想、希望、行為和個性特點的判斷和評價。

現實生活中，一些職場人士在遇到挫折時，往往看不到克服困難和不足的有利因素，對自己做出總是不如別人的自我評價。甚至還有少數搞不清楚自己到底有哪些長處，又有哪些短處，只看到自己比人家差的一面，看不到自己比別人強的地方，這樣，自然而然就會產生樣樣不如人的感覺。

一分鐘正向思考

你為何會有樣樣不如人的感覺？

一、搞不清楚自己到底有哪些長處和短處。

二、只看到自己比人家差的一面，看不到自己比別人強的地方。

17 只有你不能放棄你自己

—但是，很多人往往都是自己先放棄自己

勇於接受自己的缺點，也是打消消極自我評價的有效方法。誰都會有缺點，誰都會犯錯誤，人就是在承認缺點、改正錯誤的過程中成長進步。

因此，只要懂得把主要心思集中於要做的事情上，哪怕真的失敗，也不會出現樣樣不如人的感覺。

給自己一個自信的新形象。從形象入手，無論你是多大的年紀，是女人都美麗，是男人都瀟灑。如此上司一定會喜歡，同事一定會刮目相看，給你重新定位。要知道，沒有天生的拿破崙，真正的工作能力是你自信自強的資本。

既然你選擇了目前的工作，就要深入瞭解本職工作需要何種技能，自己欠缺的

能力到底在哪裡。如果還是優柔寡斷，那就需要心理素質的訓練，而最有效的方法就是觀察優秀的同事、朋友，從他們身上，你可以悟出自己的差距。

但是，如果你總認為自己不行，什麼都比不過人家，那麼在現實生活中，你就會把自己束縛成軟弱無能的人，自己的內在潛能就難以發揮出來，以致錯過機遇而一事無成。

努力提升你的職場自信，只要立刻行動、馬上開始，就一定會有結果。要永遠記住「天生我材必有用」，即使老天拋棄了你，你自己也不能放棄自己。

一分鐘正向思考

為什麼有的人成功，有的人卻失敗？

一、失敗的人，不是不行，而是由於不能正視自己有哪些缺點。

二、失敗的人不能正視缺點，再加上由此造成的自卑，導致連同自己的長處也放棄了，因此影響了發展。

18 你的老闆沒有必要和你過不去

—老闆比你更精明，用誰不用誰，他有自己的用人尺度。

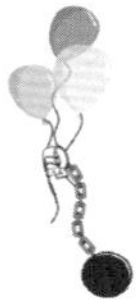

在職場有許多事情就是讓人莫名其妙，百思不得其解。比如你好不容易坐上了主管寶座，卻突然間又被降了職，而且你還找不出原因。

若要說業績，又沒有比別人差；說人際關係，又沒有比別人不好，也沒犯過什麼大錯，究竟為什麼會突然被降職？其實，在一般情況下，公司不會無緣無故降你的職，只不過是這些原因，一時之間被隱匿起來，讓你猜不透罷了。

然而，深究其原因，無非是你無意中得罪哪一位高層主管而自己並不知道，或者是受到別人的排擠還被蒙在鼓裏，或者是主管為了委以重任，而讓你下放到基層去好好地鍛鍊一下，還有可能是公司想給你一個重新學習的機會。

當然，也有可能是你的確沒有什麼過錯，老闆只是考慮那個接替你的人的背後，身負對公司有價值的其他資源。

如果拋開其他問題不談，單從公司利益角度看，你能做好另一個人也能做好的職位，公司有權做出自己的選擇。千萬不要氣急敗壞地以為老闆愚蠢透頂了，然後意氣用事，屁股一拍走人，或者就此沉淪，得過且過。

一定要明白，如果你確實有錯誤，降職是應該的，你可以好好反省自己。如果不是自己的錯，是老闆出於無奈這樣做，那麼他一定會在適當的時機給你一個解釋，或是另外考慮其他的職位給你。

一分鐘正向思考

公司會無緣無故降你的職，一定有原因。

一、可能是你無意中得罪了哪一位高層主管，而自己並不知道。

二、或者是為了委以重任的考量，才會讓你下放到基層去好好鍛鍊一下。

19 把「降職」當做一所訓練自己的學校

—再次提升自我，才能夠勝任以後將要擔任的職務。

布朗和德斯幾乎同時到一家公司上班。三年後，布朗升任銷售部經理，而德斯升任為安全部經理，之後，又勤勤懇懇工作了三年，兩人業績卓著，本以為不久會晉升，卻不料上層傳來指示，讓布朗和德斯兩人分別到工廠去當生產部主任。

布朗聽到這個消息大惑不解，心想自己是總部的部門經理，現在卻要去基層搞生產管理，豈不是降了職？自己又沒犯什麼錯誤啊？布朗意氣消沉，覺得自己這幾年的努力都白費了。來到生產部門之後，他再也不拚命工作了，什麼事都簡單應付了事，該自己做的事也交待給別人。可是年底，他突然聽到一個驚天動地的消息，那就是德斯被調回總部榮升公司的副總經理。

布朗這時才知道公司這樣做，是想讓他們更熟悉基層的情況，以便擔當重任。因為，德斯自從到生產部門後，就深入基層，虛心求教，不斷學習管理方面的知識，多方瞭解市場情形，而且對材料的採購也有新的認識，回總部報告情況時，他的報告資料詳盡，提出的見解也讓公司降低了成本。

不管公司出於什麼目的而降你的職，只要你被降職了，就意味著你能力不夠，需要學習。你應該把它當做一所訓練自己的學校，更加奮發圖強，做出出色的表現。

一分鐘正向思考

如果突然接到被降職的通知，要用什麼心態去面對？

一、寧可想成是能力不足，必須再學習，也不要認為自己可能無意間得罪別人。

二、把它看成是公司想給你一個熟悉基層情況的機會，以便將來擔當重任。

20 「無故降職」不一定代表以後會受到重用

——無故的降職不一定就意味著日後會受到重用，那只是其中的一種可能。

米勒大學畢業後，到了華盛頓的一家雜誌社當編輯，兩年之後，他已經是編輯部的骨幹了。這時雜誌社業務開始擴大，發行人手欠缺，老闆要調兩個編輯去做發行，可是誰也不願意去，因為編輯輕鬆，而且待遇又高，而發行是個苦差事，但是米勒卻自告奮勇去了。

米勒毫無怨言，每天負責對外聯繫，開拓市場，甚至還做一些最基本的工作，慢慢地，他為社裏建立起一個很好的發行通路。後來，社裏的生意也越來越好，人員也多了很多，準備再增加一個副社長，老闆首先想到的人選就是米勒。

當然，無故的降職並不一定就意味著日後會受到重用，那只是其中的一種可能。但從長遠的發展來看，官可以不做，職業卻不可以不發展。條條大路通羅馬，在你不斷提高自己的能力後，自然會有讓你盡情發揮的一片天空。

做為一個現代人，千萬不要過於看重職位和薪資。職位降了就跳槽，薪資低了就兼職，這樣做雖能讓暫時的所得增加不少，但從長遠來看你失去的就更多了。

一生的職業生涯是漫長的，只有經過不斷地打磨和鍛鍊，才能成就一番事業，而在困境中的操守和品行，才是將來取得成功的必要條件。

一分鐘正向思考

為什麼不要過於看重職位和薪資？

因為職位降了就跳槽，薪資低了就兼職，這樣做雖能讓暫時的所得增加不少，但從長遠來看你失去的就更多了。

Chapter 3

想要改變現狀，就必須先改變自己

——不要只會抱怨，因為抱怨根本無法改變什麼。

生命中唯一不變的事實就是變。要改變現狀，就得改變自己；要改變自己，首先就必須改變你看待現狀的觀點。

21 遇到不公平，你要如何面對

——不要將自己付出的心力與所得的報酬和他人做比較。

你可能會遇到這種情況，工作兢兢業業，卻不如那些能力比自己差，但會和上司搞關係的人受到重用。比如你在一家公司的人力資源部工作，你的副總經理是直接管理人力資源部的，在部門裏有兩個副總很喜歡的員工，而大家都不覺得他們的能力有多好，但是副總卻很喜歡，於是，他們就有比別人多很多的機會，這使你覺得自己沒有得到公平的待遇。

其實，不公平感對一個人的消極作用十分明顯，因此，職場人士必須採取措施，來消除這種不平衡的心理，使心境穩定。

在漫長的職場生涯中，誰都不可避免地會遭遇「有冤無處訴」的情況，你可能會因此憤怒。但憤怒之後，你或許可以得到一時的解脫，但後果可能是中斷或者延誤你正在上升的職場生涯。

如果走向另一個極端，認為任何不公平都是合理的，而努力壓抑自己，逆來順受，到最後連憤怒的感覺都找不到的話，後果很可能是失去工作，職場生涯也將面臨毀滅性的打擊，那麼，你應該如何對待自己遇到的不公呢？

美國心理學家亞當斯提出一個「公平理論」，認為員工的工作動機不僅受到自己所得的絕對報酬影響，而且還受到相對報酬的影響。人們會自覺或不自覺地把自己付出的心力與所得的報酬和他人做比較，如果覺得不合理，就會產生不公平感，導致心理不平衡。

一分鐘正向思考

誰都難免會遭遇不公平情況而感到憤怒，但要小心憤怒之後的後遺症。

一、因為憤怒之後，你或許可以得到一時的解脫。

二、但後果可能是中斷或者延誤你正在上升的職場生涯。

22 不爭才是最高的競爭策略

—不爭不是不做任何努力，而是換了一種競爭的姿勢罷了。

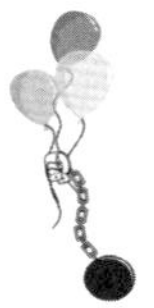

兩隻饑渴的獅子同時發現了一個水灣，可是裏面的水只夠一隻獅子喝。兩隻獅子誰也不肯退讓，誰都認為自己是第一個發現水灣的，都想喝上第一口水，兩隻獅子終於大打出手。突然，這兩隻爭鬥的獅子發現，有一群獵狗正圍著牠們，等待失敗者倒下，兩隻獅子忽然醒悟，停止了爭鬥，各自走開。

聰明的獅子告訴我們一個道理：「不爭才是最高的競爭策略。」

因此，不要事事想爭公平，因為世界上根本就不存在絕對的公平。人的心理常常受到傷害的原因之一，就是每件事都想爭公平。你有你的尺，別人也有別人的尺，各有所長，各有所短。你用自己的尺去衡量，當然就有了不公之感，所以不必事事都拿著一把公平的尺去衡量，否則，就是自己和自己過不去。

甘迺迪說：「人生下來就是不公平的。」因此，我們不一定要去追求絕對的公平，而是要設法透過自己的奮發努力來求得公平。

比如，有些人把主動與上司搞好關係的舉動，錯誤地當成了拍馬屁，這是不對的。想想看，上司也是人，而人都是需要得到別人的尊重與肯定，你主動接近他，說明你心裏有他。所以有些看似不公平的事，其實都是自己不成熟的觀念與言行所造成的。

一分鐘正向思考

如果能這樣想，就不會覺得沒加薪不公平。

因為你可能會發現這次加薪名額是有限的，許多和自己條件一樣，甚至強過自己的人也都沒有如願，也許這樣一想，你就能平靜多了。

23 跟上司做對，並不是件好事

——得罪上司，輕易去尋求同事的理解和幫助，根本無濟於事。

不管誰是誰非，得罪上司無論從哪個角度來說都不是好事。儘管上司未必握有你的生殺大權，但他畢竟能夠管著你。只要上司想整你，隨便什麼理由，你都得受著。因此，只要你沒有想調離或辭職，就不可陷入僵局，不管什麼問題，都要留有迴旋的餘地。

其實，無論何種原因得罪了上司，心裏總是不愉快的，而且，難免會產生一些情緒，想向人傾訴，這時往往會選擇和自己比較要好的同事，向其訴說苦衷，並且希望能得到理解和幫助，但這並不是個好辦法。

一方面，你與上司之間的問題，同事不便介入。如果錯在上司，你讓同事如何表態？是站在你這一邊，還是上司那一邊？最多同事只是給你一點安慰，那對解決問題又有多大的幫助呢？假如問題是在你，做為同事的他，怎麼能忍心再說你的不是，給你增加痛苦？

而且，從另一方面來看，你也必須提防有的同事不僅不幫助你，還會添油加醋，把情況反應到上司那裡，更加深了你與上司之間的裂痕。

另外，職場不是你的家，不管你受到多大的委屈，也不可把這些負面情緒帶到工作中來。如果你不能很好處理自己的問題而連累大家，同事就會對你產生不滿，而上司就更有理由說你的不是了。

一分鐘正向思考

得罪上司，為何絕對不是一件好事。

一、因為得罪了上司，最起碼你要準備每天都被刮鬍子。

二、只要被你得罪的上司想整你，就算你沒有問題，也會被雞蛋裏挑骨頭。

24 主動消除你與上司之間的隔閡

—即使最開明的上司也是很注重自己的權威，以及希望得到屬下的尊重。

所有職場的工作都是靠著大家合作完成的，一個環節一旦停頓，就會影響全局，所以，必須克制自己的情緒，無論是哪種情況，都不要影響自己手頭上應做的工作。因為，問題歸問題，工作歸工作，如果以不做工作來脅迫上司，那只會使自己今後的處境更為不妙，聰明的人絕不會犯這樣的錯誤。

然而，當你控制了自己的情緒後，就應該去消除你與上司之間的隔閡。和解的辦法很多，但最好是找個適當的機會溝通，並且由自己主動提出和解。為什麼要這樣做？理由很簡單，因為你還要在他底下做事，如果隔閡一直存在下去，難免對你的工作以及日後的發展帶來負面的影響，對上司、對你都不利。

因此，錯了就要有勇氣去認錯，並且找出分歧的癥結，向上司做出解釋，表明自己會以此為戒，若是因為上司的原因所造成的錯誤，也不要等待上司來找你，主動把自己的想法與上司溝通一下，這樣既可達到溝通目的，又可為他提供一個體面的台階下。

換言之，想辦法讓不愉快成為過往雲煙，不要一直憋在自己的心裏，不管在什麼情況之下，都不可用敵對的態度看待上司，要知道，上司有上司的尊嚴，因此與上司溝通，切忌咄咄逼人，因為，即使是你有理，這種方式也會讓上司難以接受。

一分鐘正向思考

與上司化解矛盾，最好的方法是什麼？

最好找個輕鬆場合，比如在餐會時向上司敬酒，表明你要和解，承認錯誤，因為這樣做起來很自然得體，既沒有拍馬屁討好之嫌，又能表示你對他的尊重。

25

如果你想加薪，就大膽地對老闆說

—最重要的是，「不加薪」意味著是對你的工作的一種否定。

你每天辛勤工作，到底換來多少酬勞呢？眼見同事的薪資水漲船高，但就是輪不到你加薪。最重要的是，不加薪意味著是對你的工作的一種否定，這種苦惱，日夜折磨你，怎麼辦？

美國有個政客說，想結交一個朋友，就請他幫你一個忙。因為人們總是容易記得幫別人做過什麼，而常把別人幫自己的事情忘掉。他還發現，幾乎所有的人都願意對自己幫助過的人示好。這個定律，完全可以活用在職場上，也就是你要善於對老闆表達自己的慾望和意志。

戰國時代，秦國有一個十二歲的少年名叫甘羅，一天看到自己的老闆—相國呂不韋為與燕國的外交事宜而發愁，就主動要求做為外交大使出使燕國，當場被呂不韋呵斥。但他卻對呂不韋說：有個人七歲時就被孔子當做老師呢，我已經十二歲了，就讓我試一試吧，呂不韋最後任命他為大使，出使燕國。結果甘羅圓滿完成預期的使命，還當上了丞相，傳為千古美談。而甘羅的職業機會，就是這麼大大方方爭取來的。

因此，如果你感到你完全有資格獲得比現在還要高的薪資，那麼就不要客氣，大膽地向老闆說，當然，前提是你真的有拿高薪的本事。

一分鐘正向思考

向老闆提出加薪之前，必須先做什麼功課？

一、要先考察市場行情，也就是要弄清楚同行業的行情是多少，你和他們的差距是什麼原因導致的。

二、透過這樣的調查，不僅會對自己的工作應取得的報酬，有一個比較客觀的概念，而且，也可以更篤定向老闆表達自己的身價，以及在所處的市場上到底值多少。

26 每個人都想透過薪資來表現自己的價值

——但前提是你必須讓老闆明白你對公司的價值。

每一個上班族都希望透過薪資來表現自己的價值，這是一種讓社會認可的需求，本來是無可厚非的，但前提是你必須讓老闆明白你對公司的價值。要做到這一點，你需要找到與老闆面談的適當機會，然後，請老闆評價你的工作表現，例如，他理想的員工標準是什麼？自己的表現符合了公司的標準了嗎？他覺得你在公司的未來發展中，能發揮多大的作用？

如果老闆認可你的價值和能力，那麼你就可以說出自己的成就、提出自己的願望了。但千萬不要給出一個具體的數字，那是很愚蠢的，因為他會認為你是在以自己的成績來要挾他，而且有時候不說出具體的數字，或許會獲得意外的驚喜。

如果老闆因為怕傷了你的積極性，勉強同意，但給你的加薪幅度與你的預期相差太遠，讓你不能接受，你應該立即提出。如果你的老闆說不，也不要氣急敗壞，指責老闆的無情，你可以虛心地問他要怎樣做才能實現自己的願望。

也就是說，如果你的老闆能明確地說出你工作上的不足，那麼你一定要虛心記住，並努力改正，才不會被淘汰出局。但如果你覺得他根本就沒有誠意，也不必跟他爭，再找個真正欣賞你的老闆，重新開始就是了。

一分鐘正向思考

如何讓自己走出低薪的泥潭？

一、大聲向老闆說出你的要求，理直氣壯地爭取自己想要的薪水。

二、還必須不斷地增強自己的競爭實力，不斷地吸收新知充電學習。

27 如何讓老闆注意到你的成績

—首先要明白老闆對你工作的要求，正所謂好鋼要用在刀刃上。

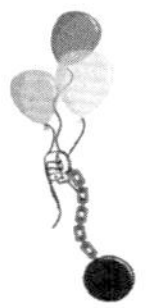

生活中常有這樣的情況：有的人做了很多，但升遷、加薪的往往不是他；有的人雖然做的不多，但卻引來老闆的讚賞、同事的羨慕，加薪的好事自然而至……相信每個人都想做後者而不想做前者，那麼如何讓別人看到你所做的，如何讓老闆關注你，就變得很重要了。

老闆看不到你的工作成績，確實是件讓人傷感的事情，似乎自己的成績都做在了看不見的角落裏。事實上，造成這種不愉快的局面，原因很多，有可能是老闆方面的原因，但多數還是在自己的問題。也就是自己的工作沒有做到位，沒有讓老闆看到你的成績。

有兩個同學畢業時進了同一家公司做事。五年過後，他們其中的一個已經升為市場部主管，另一個卻還在研發部做基層研究員。他們倆並不是因為能力差別太大，而是一個會主動表現，一個不會且不願意。

雖然大部分人都知道溝通的重要性，但並不知道溝通的方式也很重要。其實，想要與老闆達到良好溝通，就必須站在老闆的角度和立場來思考一些問題。

因為，溝通貴在換位思考，你可以問問自己，老闆希望你做到什麼？怎樣表現才顯得自然？老闆的反應會是什麼？這樣的換位思考是十分必要的。

一分鐘正向思考

如果想在公司有所發展，必須怎麼做？

一、如果你想在公司有所發展，消極等待與一味默默工作都是不可取的。

二、努力找機會讓老闆明白你的想法，知道你工作的成果，才是積極的做法。

28

用心經營長處，才能讓你的優勢發揮出來

—只要坦然面對並接受自己的缺點，再加上專心經營自己的長處，就能成功。

不同的職位需要不同的處事方法。你要考慮自己的職位需要怎樣的表現風格，比如公關和市場類的職位，練就八面玲瓏、左右逢源的本領就能讓老闆放心，讓客戶滿意。而絕大多數技術類的職位，要對技術問題研究出成果，沒有一點鍥而不捨的精神是行不通的。但更重要的是要經營好你的長處，讓你的優勢發揮出來，別人就很容易看到了。

美國著名的歌唱家卡絲・黛利有一副美好的歌喉，但美中不足的是，她卻長著一口特別顯眼的齙牙，這使得她曾經非常的自卑。每次上台比賽，她總是一心想著掩飾難看的牙齒，致使成績很不理想。後來，一位好心的評審勸告她，比賽時不要

考慮到牙齒的問題，要全心地投入到演唱中。結果在之後的比賽中，她完全憑著自己的實力征服了所有聽眾和評審，從此，卡絲．黛利就走上了歌壇。

我們從小接受的教育便是如何改掉自己的缺點，長大以後才知道，其實，有些缺點是永遠也無法改掉的，我們只能接受，別無選擇。

要知道無法改掉的缺點，即使你再想著它、再自卑，也絲毫改變不了什麼，總之，只要坦然面對並接受自己的缺點，再加上專心經營自己的長處，就能成功。

一分鐘正向思考

再如何在乎無法改掉的缺點，也絲毫改變不了什麼。

一、你還會因此而分散和消耗經營自己長處的時間和精力。

二、你還會因此減弱成功的信心，成為自己發展的障礙。

29

想要改變現狀，就必須先改變自己

—不要只會抱怨，因為抱怨根本無法改變什麼。

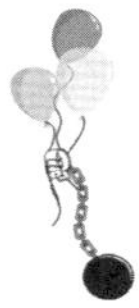

或許你有過這樣的經歷，當你想要一展抱負時，卻被主管「放進了冰箱」冷凍起來。明明自己提出的建議對公司有利，但主管在開會時卻用各種理由來否決，甚至看也不看你一眼，好像公司裏根本沒有你這個人。

這時你可能會認為自己哪裡比別人差嗎？為什麼主管要這樣對待我？甚至還會消極地對自己說：「算了！反正公司又不是我的……」

其實，生命中唯一不變的事實就是變。要改變現狀，就得改變自己；要改變自己，首先就必須改變你看待現狀的觀點。

海洋學家做過一個實驗，將一隻凶猛的鯊魚和一群熱帶魚放在同一個池子，然後用強化玻璃隔開。最初，鯊魚每天不斷衝撞那塊看不到的玻璃，但始終不能游到對面去。雖然實驗人員每天都放一些鯽魚當作鯊魚的食物，不過鯊魚仍不斷地衝撞那塊玻璃，想嚐嚐那美麗熱帶魚的滋味，但每次總是弄得傷痕累累。

最後，鯊魚不再衝撞那塊玻璃了，即便實驗人員最後將玻璃取走，鯊魚每天仍是在固定的區域游著。牠不但對那些熱帶魚視若無睹，甚至當自己的食物—鯽魚逃到熱帶魚那邊，牠也放棄追逐。

人有時也和鯊魚一樣，會犯類似的錯誤。所謂「一朝被蛇咬，十年怕草繩。」—也就是剛開始做一件事時，也許並不缺少熱情，可是一旦遭遇到失敗與挫折，往往就認為自己是無法成功，因而選擇放棄。

一分鐘正向思考

為何你會覺得自己空有一身的才藝和理想，但卻無處發揮？

一、因為你遇到主管不認同你的狀況，就灰心喪志，自暴自棄。

二、因為你不知道必須先改變自己看待現狀的觀點，才能改變現狀。

30 彼此溝通才是解決問題的好方法

—瞭解了對方的想法，可以減少工作上的衝突及摩擦的機會。

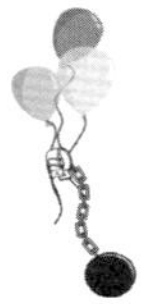

當你遇到被主管「冷凍」的窘境，決定做出改變的決定時，情緒必然是錯綜複雜，心理很矛盾。你可能有些怕，那就問問自己怕什麼？是害怕失去穩定的工作和收入？怕失去社會地位？或怕有損人際關係？

再追問自己，難道只要怕上述那些就能讓自己不被「冷凍」嗎？答案當然不是，因此，我們必須想辦法消除懼怕的心理，之後，再去設計自己的目標，準備行動。另外，在設定目標的過程中，要思考自己最想要什麼以及做什麼。

多一分對自我的認知，將有助於正確的選擇，同時，要清楚自己的專長、能力適合在哪些方面發揮。

然後，與「冷凍」你的主管心平氣和地談一談，兩個人面對面交流一下彼此的想法，解開心結。或許，你會發現你們之間可能產生誤解，或是主管不瞭解你的想法，那就藉此機會互相溝通，讓他知道你的理想和抱負。

因為，彼此溝通是解決問題的好方法，瞭解對方的想法，可以減少工作上的衝突及摩擦的機會，而事情成功的機率也就會相對增大。

所以當你遇到問題時，與其消極地承受，或是抵制，倒不如勇敢地去面對，並找出原因，設法解決，接受挑戰，而不要選擇逃避。換言之，要禁得起失敗和挫折，勇於不斷地嘗試，那麼成功對於你，無非是時間上的問題罷了。

一分鐘正向思考

當你決定做出改變現狀的決定時，你可能會怕什麼？

一、害怕失去穩定的工作和收入。

二、害怕失去社會地位，或怕有損人際關係。

Chapter 4

什麼時候該前進？什麼時候該後退？

——要把握好「有點近又不能太近」的黃金距離。

一群豪豬在寒冷的冬夜，會彼此拚命地聚集在一塊兒，以相互取暖；可是又因為各自身上都長著刺，不得不保持一定的距離，以免傷害到對方，而「豪豬取暖」的這種情形，像極了人與人的關係。

31 有工作真的是幸福的嗎？

—有工作是幸福的，可是不知為何，總是無法體會到這種「幸福」感覺。

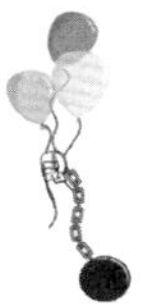

在這個景氣始終爬不起來的年代，三、五好友聚在一起，總是會說，有工作是一件幸福的事，可是不知為什麼，卻總是沒有辦法體會到這種「幸福」感覺。

通宵達旦地加班，拚盡全力的工作，本以為生活可以過的更好一些，可是一路走來，真心相愛的女友離開你投入他人的懷抱，好友全部戴上面具，難辨廬山真面目，現在的你剩下的只有所謂的工作績效和冷冰冰的鈔票。

我們提倡努力工作，爭取非凡成績，但工作畢竟不是生活全部。如果把工作做為生活的全部，讓自己變成工作狂，無論你是老闆還是上班族，相信沒有多少人會喜歡你，而你也會失去生活可以帶來的樂趣，試想這樣的工作怎麼能幸福？

對於工作與生活之間的平衡，美國知名的媒體記者喬·羅賓森認為，其實有一大部分決定於你想要掌控自己生活的決心與意願。因此，對於工作和生活的時間分配，工作者本身必須審慎拿捏。

無論加班情況是與工作計畫的截止期限有關，還是來自於上司的直接要求，或者是因為沒有人準時下班，所以你也不敢離開，你都要把持住自己，努力著眼於具體的工作成果而非外在表象。

不要為任何理由所左右，而把自己留在辦公室裏受盡煎熬，因為，績效不完全是靠加班加出來的。面對高效率高品質與低效率低品質，試想如果你是老闆，你會表彰哪個？

一分鐘正向思考

◎工作畢竟不是生活的全部。

如果把工作做為生活的全部，讓自己變成了工作狂，無論你是老闆還是上班族，相信沒有多少人會喜歡你，而你也會失去了生活可以帶來的樂趣。

32 要正確面對失敗和挫折

—失敗是成功之母，要從失敗和挫折中汲取教訓，使自己得到提升。

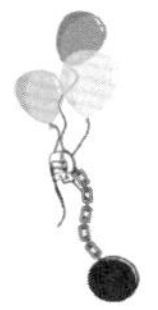

每個人都有自己的長處和短處，在學習和工作中要揚長避短，不要總是拿自己的缺點和不足與別人的優點和長處相比。

另外，要善於表現自己，因為，自卑感的產生，往往和心理封閉聯繫在一起，而心理封閉又往往是在表現自己的過程中受到挫折所致，這是思路閉塞的緣故。要知道，天下事有成功也有失敗，成功固然可佳，失敗也並非完全一無是處。

當你在人際交往中，受到別人的冷落和嘲諷時，不要氣餒，要冷靜地分析失敗的原因，用自信和勇氣去承受厄運的挑戰，這樣一來，就容易打開局面。

然而，成功的經驗累積越來越多，便可以不斷地消除你的自卑感，並且增強自信心，因此，要正確面對失敗和挫折。社會錯綜複雜，在實踐中遭受失敗和挫折是在所難免的，失敗是成功之母，要從失敗和挫折中汲取教訓，使自己得到提升，不要因為一時的失敗和挫折，而一蹶不振。

值得一提的是，注意改善人際關係，創造良好的社交環境，也是克服自卑感可使用的方式之一。因此，注意處理好與一起工作、生活、學習的人的關係，與他們交朋友、多談心，就可以彼此相互幫助和相互鼓勵。

最後，要培養堅強的意志，如果知道了自己的不足和缺點，就要下定決心克服和改進，在實踐中鍛鍊堅忍不拔的意志，對於外界的不良刺激不要過於計較。

一分鐘正向思考

自卑感的產生，跟心理封閉有很大的關係。

一、自卑感的產生，往往和心理封閉聯繫在一起。

二、而心理封閉又往往是在表現自己的過程中受到挫折所致。

33 什麼時候該前進？什麼時候該後退？

——要把握好「有點近又不能太近」的黃金距離。

世間萬事萬物都有一個尺度，要想與同事之間的友情長久持續，就必須以適當的距離來作保障。那麼，跟朋友之間要保持怎樣的交往距離，才可以達到既親密而又有空間的心理效應，以建立和諧的人際關係呢？

哲學家薩特曾對人類相處的情況打過一個絕妙的比喻，他認為人與人之間的關係，就像一群豪豬，由於冬夜的寒冷，彼此拚命地聚集在一塊，以相互取暖，可是又因為各自身上都長著刺，迫使牠們不得不同時保持一定的距離，以免傷害到對方。但是離得太遠，得不到取暖的效果，靠得太近，身上的刺又會造成彼此的傷害，因此，必須非常小心地拿捏好彼此之間的距離。

然而，「豪豬取暖」的距離就是人際交往的「心理距離效應」，再講明確一點，就是人際關係中，什麼時候該前進？什麼時候又該後退的「進退學」。

其實，公司裏的人際關係非常微妙，大家既要互相合作，又要保持各自競爭的關係，也就是說，在工作中對待同事，需要像「豪豬取暖」那樣保持必要的距離和尊重。換言之，只有把握好這種「有點近又不能太近」的黃金距離，才能維繫好同事之間，既競爭又合作的矛盾關係。

一分鐘正向思考

為何哲學家薩特會說人與人之間的關係，就像一群取暖的豪豬？

因為豪豬在寒冷的冬夜，會彼此拚命地聚集在一塊兒，以相互取暖；可是又因為各自身上都長著刺，不得不保持一定的距離，以免傷害到對方，而「豪豬取暖」的這種情形，像極了人與人的關係。

34

太完美反而是前進的絆腳石

—有時候把工作做得過於完美，反而會成為你前進的絆腳石。

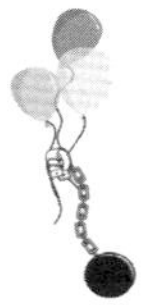

把自己份內的工作做得盡善盡美，感情上是可以理解的。但是，有時候把工作做得過於完美，反而會成為你在人生大道上前進的絆腳石。

難以理解嗎？其實不然。從一個獨特的角度看，工作太完美而沒有任何錯誤，常得不到晉升的機會，因為你沒有任何疏忽、失誤，上司很難發現你。即使引起上司的注意，也可能因為你做這項工作的出色，而使上司認為你非常適合目前的職位，讓你的晉升機會遙遙無期。

有時候，社會的選擇不是以你可以理解的標準為尺度的，比如，生產一個完美的產品可以賺一百元，而生產這個完美產品的時間，可以生產四個合格的同類型產品，而且每個能賺三十元。

那麼，在這相同的時間內生產合格產品比生產完美產品多賺了二十元的利潤。因此，從功利角度來看，企業當然會選擇生產合格產品，而不是完美產品。

當然，接受一項重任，理應盡可能地做得完美些。但不能為完美所累，更不能因追求完美的細節，而因小失大，忽視了重點。

最後，如果想擺脫「完美」給工作帶來的壓力和陰影，其實也很簡單，那就是只要卸下你心中那個「完美」的擔子，然後，告訴自己追求一般就可以了。

一分鐘正向思考

工作太完美，沒有任何錯誤，為何還是得不到晉升機會？

一、因為你的工作完美到沒有任何疏忽、失誤，因此，上司很難發現你。

二、即使你引起上司的注意，也可能因為你做這項工作的出色，而使上司認為你非常適合目前的職位，讓自己的晉升機會遙遙無期。

35 換個角度想問題，結果就會變得不一樣

—的確，我們的明天經常會因為看事情的角度不同，而變的不一樣。

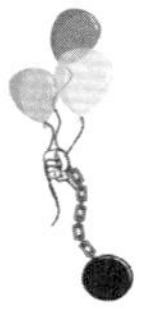

如果想評價一份工作的好壞，在工作上愉快與否是相當重要的一項指標。沒有好的心情，很難談得上工作的效率與成績，因為整天的煩惱就夠讓你受不了了。

現實中總有這麼一種人，不管佔多大的便宜都不會臉紅，而吃一點虧就無法忍受。這種人的快樂是不會長久的，因為他總是為了得不到便宜而苦惱，況且「陽光」不可能總是照在他一個人的身上。

而且，這種人快樂了，別人就不會快樂，為什麼？因為大家都反感這樣的人。

日出日落，潮漲潮退，快樂和不快樂也是可以相互轉換的。真正的快樂是以開闊的胸襟為前提的，當你的心胸開闊到能容得下天地山川的時候，你還會不快樂嗎？要

知道快樂不是靠別人施捨，是自己給自己的。

馬斯洛曾說：「**心若改變，你的態度跟著改變；態度改變，你的習慣跟著改變；習慣改變，你的性格跟著改變；性格改變，你的人生跟著改變。**」

其實，任何事情都沒有十全十美的，在現實生活中，你常會自認為做到怎樣才是最好、最恰當的，但結果卻常常事與願違，這是因為你所謂的標準，未必是社會和大眾的標準，因此，沒什麼好抱怨的，你必須明白目前自己所擁有的，無論是順境還是逆境，都是老天最好的安排。

一分鐘正向思考

讓心保持平靜，快樂就不會離開你！

「勿道人之短，勿說己之長。施人慎勿念，受施慎勿忘。」如果在與人交往、工作、生活中都能保持心理平衡，保持平靜的心態，快樂便不會離開你。

36 跟別人說NO，也是要有技巧

—拒絕不合理的要求是很正常的事情，但拒絕他人要有技巧。

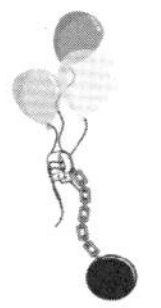

有求必應，能為他人做些事情，誰都願意。可是好人並不容易做，一方面，人們的慾望是無止境，一旦起了頭，往往就沒完沒了；另一方面，你真的什麼都能幫嗎？

有些人在心有餘而力不足的情況下，因為感到不好意思而不敢直接拒絕對方，致使對方摸不清你到底是否願意幫忙，因此產生許多不必要的誤會。比如，當你在拒絕的時候說：「這件事恐怕做起來很難。」你原本的意思是想拒絕，然而，對方卻可能認為你同意了。結果你沒有做到幫他的事，自然會被埋怨不信守承諾，關係因此就會疏遠。

拒絕不合理的要求是很正常的事情，但拒絕他人要有技巧。直接說不行，恐怕以後會彆扭，弄不好連朋友都做不成了；推給別人，那對方會做如何感想？說抱歉，找藉口推辭，理由不錯，可是下一次該怎麼辦？

那麼你應該如何巧妙地拒絕呢？首先，不要沒聽清楚就一口拒絕，因為直接生硬地拒絕，並不是最佳選擇，那只會讓求你的人感到尷尬，因此，不管對方求你的事，你能不能做，都必須讓人把話說完。也就是你在決定拒絕之前，務必認真地傾聽他的訴說，弄清楚他的處境和需要，這起碼能讓對方有被尊重的感覺。而且，在這種情況下，即使你婉轉地表達出拒絕的意思，他也會覺得你的決定是在慎重權衡之後做出來的，而不是不想幫，確實是你的能力真的做不到。

一分鐘正向思考

開口拒絕別人之前，必須做到的事。

不要沒聽清楚就一口拒絕，不管別人想求你做什麼事，都必須讓他把話說完，再決定要不要拒絕，這起碼能讓對方有被尊重的感覺。

37 你不可能什麼錯都不會犯

—因為你不是神，也不可能成為神，你能做的就是儘量少犯錯誤。

在決定行動前，如果你確信不會再發現新的訊息或新的可能性出現，你就會默認現實的選擇，不再理會可能出現的後悔，而這是訊息不完備所造成的。高質量的選擇是一種耐心選擇，既不會被有利條件沖昏頭腦，也不會被不利環境所嚇倒，並要求人們必須時時保持高度緊張，投入一定的精力去思考，並且尋找各種可能，使選擇更趨理智，這也是責任感的體現。

其實，後悔是人之常情，誰犯下了過失都會如此。但明智的人能很快從後悔中解脫出來，認識到犯錯是必然，從而將後悔轉化為深刻的教訓。不要忘記，你不是神，不可能不犯錯誤。即使是上司、老闆，也同樣會有過失。

然而，一旦真的有了過失，也不要一味的去後悔，而忘記了自救。也就是反思後悔的根源，找出造成失誤的原因，才是你所要做的。因此，在陷入極度後悔的狀態時，應積極採取挽救措施，但也不應該徹底遺忘後悔的情緒。

另外，健忘正是屢犯相同錯誤的基本原因，所以當我們在面臨與過去相似的選擇時，一定要仔細地研究過去失敗時的教訓，並積極地汲取過去的經驗，從而避免犯相同的錯誤。

一分鐘正向思考

只要在事前做好準備，就不用怕會犯錯。

一、只要在做事前多動一動腦，反覆權衡利弊得失，就不會有過失。

二、即使偶有犯錯，也是正常的，因為你不是神，你能做的就是儘量少犯錯誤。

38

當一扇門被關掉時，就趕快打開另一扇門

—丟掉工作之初，每個人都會感到震驚與憤慨，並陷入痛苦中。

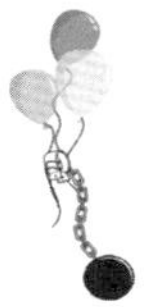

人在職場，誰也不敢保證自己不會被開除，即使在經濟景氣好的時候，也可能會丟掉工作，而在現今經濟不景氣時，這種情況會更加嚴重。

既然是不可避免，就必須勇敢地去面對。有的人在被開除後一蹶不振，怨天尤人，而有的人卻心平氣和，很快的又東山再起。

丟掉工作之初，每個人都會一時陷入痛苦中不能自拔，並且因為同事們的突然疏遠而感到悲傷，這是可以理解的。可是痛苦、憤怒能解決什麼問題？你照樣還是被開除。

重點是當你意識到被開除是不可避免，你應該未雨綢繆，正確地與公司分手，

因為奮起回擊，或黯然神傷都無濟於事。

當你被解雇時，首先要讓自己先冷靜下來。也就是說，克制自己不要信口說出腦袋裏閃過的不良念頭，儘量什麼都別說，然後，積極地去打開另一扇門。

首先就是開除掉你的公司，儘快遞交辭呈，提出辭職，這樣你就能把握先機，否則，就會陷入「人為刀俎，我為魚肉」的尷尬境地。

儘管這樣做有時是困難的，然而，卻能使你避免被解雇時的傷害，更能使你獲得一個好名聲。而且，在打開另一扇門的時候，它還可以證明你是主動從原來那扇門走出來的，而不是被趕出去的。

一分鐘正向思考

當你被解雇時，必須要有什麼認知。

當你被解雇時，首先要讓自己先冷靜下來，然後，跟自己說，此地不留人，自有留人處。條條大路通羅馬，又何必在一棵樹上吊死？當一扇門關掉，不要忘記，還有數不清的門開著。

39 確定自己追求的工作目標

—目標一旦確定，強烈的工作動機就會啟動你的激情和活力。

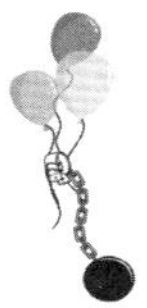

尋不著目標，工作起來就會漫無目的，一事無成。因此，你必須先弄清自己工作的意義。目標一旦確定了，強烈的工作動機就會啟動你的激情和活力，進而引導你去考慮清楚自己所追求的工作目標。

如果自己目前正在做一個較低的職位，你可以尋找一條能幫助自己達到另一職位的晉升之路。還有，這條路該如何走？誰可以幫助你？是不是可以先調到另個一部門，或者先找機會進修，然後再提出申請……最起碼也要找出妨礙日後發展的不利因素，並尋求解決的途徑。

另外，還要尋找工作以外的成功，不要只把來自工作的成績看成真正的成功，否則，一旦工作遇到問題，就會感到無法忍受。

著名大提琴家卡薩爾斯九十高齡的時候，還是每天堅持練琴四～五小時，當樂聲不斷地從他的指間流出時，他的雙肩又變得挺直了，他疲憊的雙眼又充滿了歡樂。美國堪薩斯州威爾斯維爾的萊斯，直至六十八歲才開始學習繪畫，她對繪畫表現出非常大的熱情，並在這方面獲得驚人的成就，同時也結束折磨過她至少有三十餘年的苦難歷程。

撥出一些時間和精力培養其他方面的興趣，例如讀書、畫畫或學習陶藝等。這不僅能使心靈與精神有所寄託，更會讓你擁有另一個成長的空間，帶來工作以外的快樂。

一分鐘正向思考

如何搞清楚自己所追求的工作目標。

可行的方法是，把自己的工作目標寫下來，包括近期的和長遠的。這樣你就可以清楚地知道自己該做什麼、先做什麼，並一步一步去追求自我價值的實現。

40 多一點行動，少一點藉口

——藉口的唯一好處，就是能在心理上得到暫時的平衡。

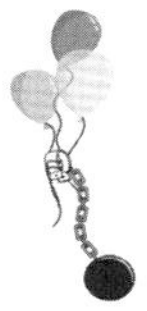

尋找藉口是最具破壞性、最危險的惡習，它使你喪失了主動性和進取心，也會讓你在尋找藉口的過程中，把事情「太困難、太耗力、太費時」等，種種藉口合理化，這樣只會讓你一事無成。

藉口的唯一好處，是能在心理上得到暫時的平衡，但自己的過失絲毫無法掩蓋掉。長此以往，因為有各式各樣的藉口可找，人就會變得懶惰，不再有進取心，也不會想方設法爭取成功，而是把大量的時間和精力放在尋找藉口上。

歌德說：「把握住現在的瞬間，從現在開始做起。只有勇敢的人身上，才會擁有天才、能力和魅力。」因此，只要把握現在，在做的過程當中，你的心態才會越來越成熟。

人生總會遇到挫折、坎坷，誰也不能例外。可是我們總不能因為有挫折有坎坷，就什麼事都不做了。活著就要吃飯，吃飯就需要錢，錢從哪裡來？要靠工作來獲得，那麼就必須與形形色色的人打交道，煩惱就會不期而至。

喋喋不休地責難又能怎麼樣？什麼問題也解決不了，照樣痛苦。除了積極想辦法去化解，還需要有寬容之心。

另外，當遇到挫折的時候，要保持良好的心態，要有戰勝困難的信心和勇氣。跌倒了，不要趴在地上哭泣，站起來繼續往前走；走錯了，不要在原地徘徊，必須儘快地幫自己的生命找到出路。

一分鐘正向思考

遇到問題，必須把時間花在找方法，而不是找藉口。

因為，一旦有了藉口做盾牌，遇到困難，就會陷入困惑，不僅找不到出路，就連改正錯誤的能力也都沒有了。

Chapter 5

要知道自己擅長做什麼，不擅長做什麼

——由於，大多數人不瞭解自己的長處是什麼，因此經常事倍功半。

長處，就是你比別人高明的地方。瞭解到自己的長處，就成功了一半；知道自己擅長做什麼，不擅長做什麼，就可以揚長避短。

41 只要確定目標，絕不輕易放棄和改變

—但是如果一開始的目標是錯誤的，該放棄的時候，還是要放棄。

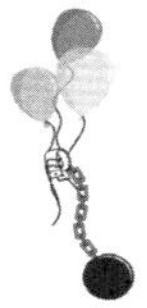

當主管，當ＣＥＯ，開公司自己當老闆，三年目標，五年規劃……當你一旦踏上了職場的舞台，一連串的夢想就會不期而至。

人生需要目標的指引，沒有目標，任何成功都將不會發生。成功者都堅信一句話：人如果想要得到什麼，通常就能夠用積極的行動去完成，換言之，除了懶惰和自我懷疑，世界上沒有什麼事情，能夠阻止你實現自己的目標。

但是，一個人的目標是很容易被偷走，或者是被現實誘惑，或者是因為妄自菲薄，或者是被困境……也就是說，外來的因素有多少，被盜走的可能性就有多少，甚至連「時間魔鬼」也會將你的目標，盜得一乾二淨。

要記住你是目標的主人，只有你有權選擇它，失敗和一切外在的因素，都無權改變你的信心。

另外，追求目標，必須堅定不移，勇往直前。不要以為單靠頭腦敏銳、才華橫溢就可以獲得成功，有所成就的人之所以成功，是因為他們有明確的目標、強烈的進取精神和必勝的信念。然而，孕育出上述這種精神和信念的，正是遠大的志向和抱負，而這也是我們取得成功的關鍵點。

一分鐘正向思考

人生需要目標來定位自己的方向。

一、沒有目標，任何成功都將不會發生，追求目標，必須堅定不移。

二、目標是人生成功的原因，沒有人能夠離開目標而成功的，任何人都沒有例外。

42 真正的成功者不會因為環境而改變初衷

—的確，對所訂定的目標從一而終，就是成功者贏過失敗者的地方。

從小就顯露出賺錢天賦的巴菲特，十一歲時和姐姐一起以每股三十八美元買了三千股城市服務公司的股票。令他們沮喪的是，沒過多久這支股票就跌到了每股只剩七美元；因此，姐姐便抱怨起巴菲特。

後來這支股票慢慢回升到四十美元，為了挽回損失，不讓姐姐難過，巴菲特於是趕快賣掉了股票，但是這家公司的股票很快又上漲到了每股二百美元。這件事讓巴菲特感觸頗深，他也因此為自己確立了兩條終身不改的準則：

一、設立目標必須要有充分的依據，經過嚴密的思考和精確的計算。

二、一旦目標確立後，不管什麼人或因素干擾，只要目標合理，絕不輕易放棄和改變，尤其是核心目標。

的確，真正的強者不會因為環境的改變而改變自己的初衷，也不會因為困惑而放棄自己的理想，相反，強者都有越挫越勇的性格。

要取得工作上的進步，首先必須不斷地自我審視，認清自己的性格與特長，來確立自己的成功目標，但這還不夠，因為不是僅僅有個目標就能萬事ＯＫ，還需要對自己有信心，以及有足夠的能力和切實可行的行動方案，並且不會因為外界的因素，而改變或放棄自己的目標。

一分鐘正向思考

對自己所訂定的目標必須從一而終。

一、要實現遠大的目標，必須要從每一個小目標開始。在確定目標前要審慎，在完成目標中要靈活。

二、有效地排除外力的干擾，持續不斷地實現一個個小的目標，才能漸漸逼近最終目標，進而實現目標並且完成自己的宏願。

43

你找到開啟成功大門的鑰匙嗎？

—其實，這把開啟成功大門的鑰匙，就是你身上的特長。

很多人以為，只要努力，就一定會有好的收穫。其實不然，努力是必須的，但僅有努力並不能成就事業。有些人看到別人做什麼事能成功，於是也去做同樣的事，誰知卻得到完全相反的結果；其實，打開成功大門的鑰匙只有一把，但很多人卻不知道自己有沒有成功大門的鑰匙。

如同一場賽跑，表面上看，大家都在同一條起跑線上，其實不然；當你一味地只是為了參加比賽而比賽的時候，就已經輸了。因為，別人能跑到終點拿到獎品，是因為他們在參加比賽前，就找到了屬於自己的「鑰匙」。

其實，你手裏也有一把鑰匙，也可以打開成功之門，這把鑰匙就是老天放在你身上的特長之中。

長處自然就是你最大的優勢和賣點所在。每個人的優勢，包括先天形成與後天造成的兩個部分，目前的性向測驗幫你找到的往往是先天形成的部分。

像美國的布里格斯性格類型指標，就是從「外向、內向」、「感覺、直覺」、「思維、情感」、「判斷、知覺」四種為出發，總結出了十六種性格類型，每一種性格類型對應之間，都意味著個人的偏好是什麼。

比如，一個人的注意力和能量多專注於外面的世界，即是外向型；看中想像力和信賴自己的靈感，即是直覺型；注重透過分析和衡量證據來做決定，即是思維型；喜歡以一種自由寬鬆的方式生活，即是知覺型。

一分鐘正向思考

每個人都有自己的長處！

每個人都是獨一無二的，都有自己的長處，因此，你不必介意短處給你帶來的煩惱，只要經營好你的長處，你的願望就會實現。

44

要知道自己擅長做什麼，不擅長做什麼

─由於，大多數人不瞭解自己的長處是什麼，因此經常事倍功半。

雖然對長處的發現，可以為你帶來更大的增值效應，充分利用就可以事半功倍，收效甚好，但短處往往會使你功虧一匱。

有一個著名的「木桶理論」恰好說明了這一點。木桶能盛多少水，不是取決於木桶有多高，而是取決於木桶上最短的那塊木板的高度，所以揚長也要避短。

瞭解自己短處的目的，在於能更清楚地認識自己，在努力創造優勢效應的同時，規避短處可能為你帶來的負面影響。

經營長處和規避短處，實際上就是尋求機遇與避免威脅的過程，它要求人們更加關注外部環境可能帶來的影響，畢竟一切都離不開市場，只有找到你的優勢與市場潛在機遇之間的契合點，規避可能會對你發展產生不利潛在的風險，你才有可能得到更好的發展。

機遇和風險不一定是宏觀層面的事情，也可能是一些很具體的細節。比如說，你目前在一家小公司做財務工作，你就可以發現小公司的財務工作，由於人員少，分工不細，所以你可以各方面都涉入到，並且得到更全面的訓練，這正是很多剛踏入社會的人，首先選擇進小公司的原因。

然而，經由這樣的分析，你可能會對自身的工作狀況有更深入的瞭解，這對你做出下一步該怎樣發展的決策，會發揮很好的推助作用。

一分鐘正向思考

瞭解到自己的長處。

瞭解到自己的長處，就成功了一半，因為，只要瞭解到自己的長處，用同樣的努力，可能別人事倍功半，但你卻事半功倍。

45 自己一頓能吃下幾片麵包，你應該比誰都清楚

—因此，又何必去跟別人做一些沒有任何意義的比較呢？

在這世上，每個人都是不一樣的，無論生活上還是工作上，都會受到知識、技能等條件的影響，也會因興趣、性格、機遇等因素而呈現出不同。比如工作，即使兩個人基本條件差不多，但其中一個人善於推銷自己，把握機會的能力較強，最終的職位、薪資、福利等就會迥然不同。

琳達與露斯曾經是同窗好友，畢業後，先後都找到工作。可是沒過多久，琳達就有些心灰意冷了。原因是露斯是公務人員，工作相對穩定，薪資也比較高，而琳達雖然進入的是一家大公司，但卻只是一個一般員工，工作辛苦不說，薪資比同學露斯還低了不少。

琳達感覺自己學歷、能力等條件和露斯相比應該是高於她的，但自己怎麼就做了一般員工呢？她不甘心居於同學之下，於是，她選擇了跳槽，但奔波了幾個月，不僅沒有能如願以償，甚至連生活也陷入了困境。

其實，職場中這種因盲目的比較，而喪失自己價值的現象並不少見。誰不想得到一個理想職位，同時獲得豐厚的報酬？但問題是如果你對自己的處境不滿意，認為自己可以做更好的職位，那也要腳踏實地的去工作，積蓄力量來等待時機。

一分鐘正向思考

不要為了比較而比較。

一、恰當的比較也許是不斷向前的動力。但是，如果只是為了比較而比較，結果就得不償失了。

二、保持理智，正確認識自己適合做什麼，能做出多少成績，對一個人的選擇是十分重要的。但是一離開實事求是的自我定位，便很容易陷入盲目比較的桎梏。

46 如果你想要走出自己的「人生枯井」

—最好的辦法，就是告訴自己絕對不要放棄。

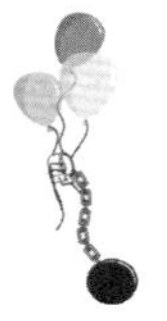

如果你能擁有一顆平常心，經常保持積極樂觀的態度，跳出世俗的圈子來看問題，那些不快、苦難就能給你帶來意外生存發展的機會。

有一頭驢子不小心掉進路邊的一個枯井。主人想方設法來拯救驢子，但卻沒有成功，無奈的主人只好放棄了。不過主人不忍心看到驢子痛苦哀嚎的樣子，於是便請工人將井中的驢子給埋了，以免除牠的痛苦。

當工人開始往枯井中填倒泥土時，這頭驢子沒兩下子就一點聲音都沒有了，主人原本以為牠死了，因此，探頭往井底一看，但眼前的情景卻令他驚訝不已，因為當落在井裏的泥土撒向驢子的背部時，驢子卻將泥土抖落在一旁，然後站到落下的泥土堆上面。很快，這頭驢子便隨著泥土的增高，而上升到井口，並且在眾目睽睽之下，快步地跑開了。

其實，這個驢子的故事告訴我們，在人生過程中，如果你能以積極、沉穩的態度面對困境，奇蹟往往就潛藏在困境中，一切都決定於你自己的態度和行動。

因為，在工作和生活中，有時候我們難免會像故事中的驢子一樣，莫名其妙地陷入一個「枯井」裏，也會有各式各樣的泥土傾壓在身上，如果要想走出「枯井」，最好的辦法就是像那頭驢子一樣，將所有的「泥土」抖落掉，然後，將這些「泥土」當成我們向上的墊腳石。

一分鐘正向思考

工作中的種種困難和挫折是讓你向上的動力。

一、換個角度看，這些困難和挫折就是一塊塊足以支持你不斷上升的墊腳石。

二、只要不氣餒，並將它們抖落掉，然後站到上面去，那麼即使是掉落在深谷山澗裏，你也能安然地脫險，這正是人類改變命運的關鍵。

47 退一步可以讓自己海闊天空

—但是不能為了想讓自己「海闊天空」，才勉為其難地退一步喔！

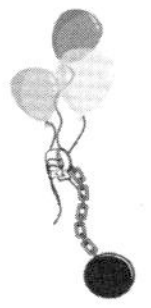

牙齒和舌頭沒有不打架的時候，與別人相處，難免會遇到一些不開心的事情。如何對待這些小摩擦，讓關係變得更好，就成為交往中很重要的一個課題。

善於交往的人，往往表現出一種豁達的態度，懂得退一步來謙讓對方，因而讓對方很容易會對他產生好感和信賴，從而自動和他示好，甚至成為無話不說的好朋友。

換句話說，善於交往的人，懂得用自己的真心和態度來證明自己是一個值得信賴的朋友，進而促使別人也會同樣地用真心來對待他。

有句話說：「你怎麼對待別人，別人就會怎麼對待你。」的確，誰也不可能不會遇到困難，因此，獲得別人幫助是任何人都需要的。

然而，不管是在生活中還是在工作上，離你越近的人，對你幫助就越大，儘管他只是一個小人物。正所謂「遠親不如近鄰」、「遠水解不了近渴」，因此，只要你懂得好好地對待周圍的每一個人，在你困難的時候，大家都會向你伸出援手的。

一分鐘正向思考

每一個人都有遇到困難，需要別人幫助的時候。

「每個人都需要幫助，蜘蛛人也不例外。」這是蜘蛛人第三集的經典台詞，這句話告訴我們，每一個人都有遇到困難，需要別人幫助的時候，因此，當別人需要你幫助的時候，你必須不吝伸出援手，因為，你現在怎麼對待別人，別人將來就會怎麼對待你。

48 失敗不是結束，而是走向成功的開始

——當失敗真正來臨，有的人表現冷靜自信，有的人卻表現出憂慮與恐懼。

據說美國著名電台廣播員莎莉．拉菲爾在她三十年的職業生涯中，曾經被辭退十八次，可是她每次都放眼最高處，確立更遠大的目標。因為，如此一來，失敗在她面前就不是無法逾越的壕溝，而是變成了通往成功的一個個階梯。

最後，莎莉．拉菲爾成為美國一家自辦電視節目的主持人，並且曾兩度獲得重要的主持人獎項。

比爾．蓋茲曾說：「我們都堅信自己的信念，並且對這一行業擁有激情。」在任何奇蹟的背後，總需要一個偉大的信念來支持，而這個信念的動力，就是熱情的火焰。或許，你不知道自己會發展到哪一個地步，最終能成就什麼，但是不要懷疑

自己，努力去做，成功肯定會向你走來。

狼雖然是自然界中效率最高的狩獵動物，但動物研究者卻發現，牠們每天外出狩獵，只有約百分之十的成功率，也就是說狼十次狩獵中只有一次是成功的。

然而，百分之十的成功率，又怎麼會被認為是效率最高的呢？這是因為狩獵失敗後，狼不像其他動物那樣垂頭喪氣、放棄努力或者自認失敗，而是會積極地再次投入於下一次狩獵。

許多職場人士，大都會將一次「不成功的狩獵」視為自己工作失敗的象徵。然而，從狼的身上，你應該明白，失敗並不是結束，而是再次狩獵、走向成功的開始。

一分鐘正向思考

我們要學習狼的「失敗狩獵的精神」。

一次沒有成功的狩獵，人類情願當成是失敗，而狼卻能把它轉化為智慧來磨練自己的技藝，並使自己再次充滿成功的希望，這就是我們必須學習的地方。

49 玫瑰與蓮花，只能去欣賞而不能去比較

—諷刺的是這個世上，凡是可以用來欣賞的事物，都會被拿來做比較。

有位富翁不希望兒子在他往生後，躺在自己留下的財富上醉生夢死，而是能夠靠自己的努力，創造出比自己更了不起的事業。因此，他讓兒子進山去尋找一種叫「沉香」的寶物。

兒子跋山涉水，歷盡艱辛，最後在一片森林中發現父親所說的「沉香」，於是，把砍下的樹木運到市場上去賣，但是卻無人問津。

他抱怨世人沒有眼光，不識寶物。可是當他看到鄰近攤位上的木炭總是很快就能賣完時，於是，決定將這種樹木也燒成木炭來賣，結果也和其他的木炭一樣，很快的被一搶而空，他終於賺到他人生第一筆錢，便迫不及待地回家告訴父親。

父親聽了事情經過，竟然老淚縱橫。他告訴兒子：「沉香木不是普通木材可以與其相比的。它的作用不能等同於木炭，只要切下一塊磨成粉末，就遠遠超過一整車木炭的價值。」

一位大師曾經說過：「玫瑰就是玫瑰，蓮花就是蓮花，只能去欣賞而不能去比較。」而世人常犯的錯誤，就像那個富翁的兒子一樣，盲目和別人比較，放棄自己最有價值的沉香，還不自知。

其實，每一個人，都有一些屬於自己的「沉香」，即自己的優勢。但世人往往不懂得它的珍貴，反而對別人手中的「木炭」羨慕不已，豈不愚蠢透頂嗎？

一分鐘正向思考

不必事事都要跟別人做比較。

這個世上所有痛苦都源自於「比較」二字，我們事事都喜歡跟別人做比較，也就是別人有的，我們想盡辦法也一定要擁有，如果無法如願擁有，就會感到痛苦，但是我們為何不轉個念頭，看看自己擁有哪些別人沒有的東西呢？

50 做完蛋糕不要忘記用奶油來錦上添花

—如此一來，才比較容易吸引別人注意到自己的表現。

人生的發展其實包含著兩個方面：一個是建構自己，它是指人對自身的設計、塑造和培養；另一個是表現自己，也就是把人的自我價值顯現化，不斷實現並獲得他人的承認。

然而，人在職場不僅要表現，還需要善於表現。對此，作家黃明堅有一個形象的比喻：「做完蛋糕要記得裱花，有很多做好的蛋糕，因為看起來不夠漂亮，所以賣不出去，但是只要在上面塗滿奶油，裱上美麗的花朵，人們自然就會喜歡來買。」

換句話說，除非你打算一輩子默默無聞，自甘孤影自憐。否則，每當做完一項自認為圓滿的工作時，要記得用「奶油」來「錦上添花」，也就是向老闆報告，讓他知道這是你的成績，別擔心老闆對你的報告會有什麼想法，因為，沒有一個老闆會不希望自己的部下成績非凡。

但善於表現不是過分表現。因為，過分表現會讓人覺得你的企圖心太強，認為你沒什麼本事，反而輕視你，甚至還會認為你在弄虛作假，進而覺得你這種人不可交、不可信。

就像一段相聲裏諷刺得那樣：在名片上印了一個「副處長」，又在「副處長」之後，加了一個括號，寫著「本處沒有正處長」，結果就起了相反的效果，讓人一下子就發現這個副處長的權力和表現慾望太強了。

一分鐘正向思考

想要被人看見，你就必須善於在別人面前表現。

現代觀念認為，表現自我絕對稱不上什麼錯誤。因為沒有表現，別人就不容易看見你；沒有表現，恐怕也就沒有天才和蠢才的區分了。

Chapter 6

即使是百分之一的事情，也要用百分之百的熱情

——一旦有了熱情，你就會主動地為自己出一點挑戰自我的難題。

你會出現低落的工作情緒，主要是因為你只知道工作的「價格」，而沒有明白自己工作的「價值」。

51 讓別人知道你正在改變自己

—別人不知道你正在改變，是因為還不瞭解你，所以你需要去溝通。

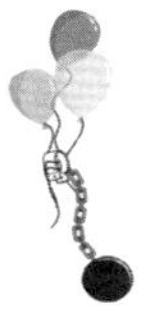

由於無知，或者胸無大志，或者受到一些挫折而自暴自棄，因而犯下了一些錯誤。可是當你發現自己的過失時，後悔莫及，一心想改變自己，重塑一個好形象，但似乎已經遲了，上司視你為「鳥人」，恨不得立刻把你開除掉；同事當你是異類，誰靠近你就會倒楣，你沉浸在對過去的懊惱中，幾乎無法自拔。

事實上，大可不必如此。正所謂：浪子回頭金不換，重要的不是過去而是未來。過去，在昨天就已經結束了；今天，才是真正的開始。只要認識到自己的過失，而勇於來面對未來，一切都會改變的。

在個人的發展上，由開始的茫然不清到對未來發展有了自己的理解、想法和長遠的規劃，這是成長的必然過程，試問誰沒有經歷過這個痛苦的過程？

多點溝通，讓別人知道你在改變自己。別人不知道你正在改變，是因為還不瞭解你，所以你需要去溝通。在和別人溝通的過程中，你可以讓他人幫你理清思路，做些比較，得到一些好的建議，節省改變過程所需的時間。

溝通的最大好處是，可以幫你避免因為一時的衝動或心裏的癥結，而採取不恰當的措施，以及幫你減少改變過程中無意設置的障礙，並降低工作過程中的發展風險。

一分鐘正向思考

重要的不是過去，而是未來。

過去，在昨天就已經結束了；今天，才是真正的開始。只要認識到自己的過失，而勇於來面對未來，一切都會改變的。

52 從走過的路找到失敗的教訓

—即使第一步走錯了，但後面還有很長的路，你不可以都走錯。

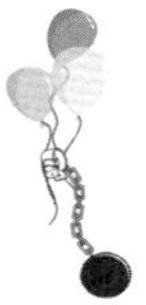

首先要有清晰明確的願望，弄清楚自己究竟想做什麼樣的改變，以及有什麼要求。然後，確定一個可實現的目標，同時明確為了實現這個長期的目標，你更要為它設定一些的短期目標。

設定了明確的目標之後，還要知道達到你的目標究竟需要哪些相關的工作技能與社會經驗，你目前的狀況如何，是否足以去克服困難，以及誰能幫助你達成目標。

如此對自己做一個深入的剖析，並為實現目標而去充實、完善自己，這樣你的目標，就不致於成為鏡中花、水中月。

另外，當你對自己的未來模糊時，別人的成功模式，可以給你有很多的借鑒。找一個楷模，樹立一個榜樣，這樣可以讓你更清晰地瞭解自己的差距，更快捷地達到你的目標。而且，還必須多點冷靜，保持一顆平常心，從走過的路找到失敗的教訓。即使第一步走錯了，但後面還有很長的路，你不可以都走錯。因此，你要冷靜、客觀地分析自己，要知道走過的路只是你職場生涯的一部分，它體現的是你的過去。

從哪裡來不重要，重要的是你要到哪裡去。每天經由工作中，來看到自己的成長、進步和收穫，這本身就是快樂的事，這種快樂也是你自己人生的一種感悟。

一分鐘正向思考

你在設定明確的目標之後，還要知道什麼？

一、還要知道達到你的目標究竟需要哪些相關的工作技能與社會經驗。

二、還要知道目前狀況如何，是否足以去克服困難，以及誰能幫助你達成目標。

53 從平凡的瑣事中領悟成功的道理

—不要將處理瑣碎小事當做一種浪費，而是當做一種經驗累積的過程。

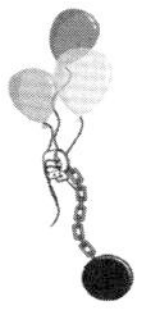

每一天，你彷彿都在焦躁地等待，等待被委以重任，來施展你的抱負、顯示你的才華。你不甘於庸庸碌碌、平平凡凡過此一生，但機會總是不降臨在你身上。

當每一天你所做的依然是些微不足道的小事時，你開始自怨自艾、怨天尤人，對待平凡瑣碎的工作缺少熱情，敷衍了事。殊不知，機會就在這些無謂的自怨自艾、怨天尤人中悄悄地溜走了。

智者善於以小見大，從平凡的瑣事中領悟成功的道理。他們深知「細節決定成敗」，不會將處理瑣碎的小事當做是一種浪費，而是當做一種經驗累積的過程，當做是在為成就一番事業的基石。

不厭其煩地拾起細碎的石塊，構築起來的卻是高聳入雲的大廈。只有站在大廈俯瞰腳下的美景時，你才會體味到這些小事的意義。正所謂：「不積跬步，無以致千里。不積細流，無以成江海。」成功從來都不是一蹴而成的。

相反，那些對瑣事不屑一顧，處理問題時消極懈怠的人，很少有成功者。因為這些人往往好高騖遠，眼高手低，成功對他們來說，就是異想天開地等待一個天上掉下禮物的機會。

一分鐘正向思考

不要對平凡瑣碎的工作缺少熱情。

因為當你開始自怨自艾、怨天尤人，對平凡瑣碎的工作缺少熱情，敷衍了事。機會就會在這些無謂的自怨自艾、怨天尤人中悄悄地溜走了。

54

只有笨蛋才會被一粒沙擋住成功的路

—不要輕視身邊任何一件小事，因為，它是你想成大事的關鍵。

有一個能幹的年輕人，很快得到老闆的賞識，老闆內心已經決定要送他去培訓一年，然後委以重任。可是就在宣布這個決定的前一天，突然改變了計畫。原因是老闆在視察員工餐廳時，發現他吃完飯居然不去收拾餐桌上的飯粒和餐具。老闆心想：一個連自己生活都不能打理好的人，怎麼能夠擔當工作重任呢？

這就是所謂的「千里之堤，毀於蟻穴」，前述故事中的年輕人，就因為一次小小的疏漏，讓他從前的種種努力都付之東流了。

一位心志高遠的探險家發誓要攀登一座高峰。在長途跋涉中，惡劣的氣候沒有使他退縮，陡峭的山勢沒能阻礙他向前行，但出人意料的是，只是因為鞋子裏中的一粒沙，竟使他放棄了目標。

他不知道這粒沙到底是何時落入到他的鞋子裏，可能是他覺得它實在是太微不足道了。比起他所遇到的其他的困難，那粒沙的存在又算什麼呢？然而，越走下去，那粒沙越是磨腳，到最後，每走一步都伴隨著劇烈的疼痛。

這時他才意識到這粒沙的危害，停下腳步，準備清除粒沙時卻發現，腳已經被磨出了許多血泡及破皮。沙粒雖然被清除掉了，可是傷口卻因為感染而化膿，最後，他除了放棄已別無選擇。

然而，這個故事告訴我們，不要輕視你身邊的任何一件小事，因為，它是你想成大事的關鍵。

一分鐘正向思考

「飯粒」與「沙粒」的力量，千萬不能輕視。

因為「千里之堤，毀於蟻穴」，一開始越是被我們認為微不足道的微小東西，最後往往會成為成敗的最重要關鍵。

55

即使是百分之一的事情，也要用百分之百的熱情

——一旦有了熱情，你就會主動地為自己出一點挑戰自我的難題。

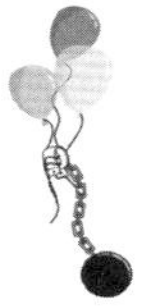

每一個剛踏入職場的人，剛開始不但幹勁十足、熱情高漲，而且對自己工作前途的期望值，也寄予厚望。

但時間一久，就會不自覺地感覺到自己簡直與機器人一樣，每天上了班就希望能早點下班，一點也沒有原先的激情了。而且，每一次工作中出現不順心，就會「鼓勵」自己換個工作環境，結果又使自己的情緒陷入另一個谷底。

然而，長時間地在某一個環境下工作，雖然很容易成為某個職位的工作骨幹，但日復一日，重覆著相同而瑣碎的事務，自然會有一種索然無味的感覺，甚至會自己無法左右自己。

再加上很少受到提拔，或者經常得不到好評，就很容易產生一種無助感和渺茫感，因此導致工作情緒的低落。其實，會出現這種情緒，主要是因為你只知道工作的「價格」，而沒有明白自己工作的「價值」。然而，要想自己拯救自己，只有迫使自己樹立起對工作的使命感，而沒有第二條路。

總之，即使是百分之一的事情，也要用百分之百的熱情。一旦有了熱情，你就會主動地為自己出點挑戰自我的難題，因為每天都有難題處理，自然就會活得充實，堅持不懈，然後，就會發現自己每天都在進步，而且每天都會感受到進步所帶來的快樂。

一分鐘正向思考

長時間在某職位工作，雖容易成為骨幹，但會有什麼後遺症？

一、日復一日，重覆著相同而瑣碎的事務，容易會有一種索然無味的感覺。

二、再加上很少受到提拔，或者得不到好評，就很容易導致工作情緒的低落。

56 不要陷入盲目樂觀，導致做出失誤的決策

——決策的第一原則就是：在沒有出現不同意見之前，不做任何決策。

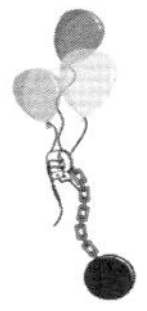

導致你後悔的原因大致可分為兩種：一是在做出決定之前，對可能出現的消極後果雖有所預知，但由於忽視問題，沒能採取必要的預防措施。在這種情況下，決策者會因為已經接近成功了，卻只因一念之差，發生了重大錯誤而後悔莫及。

另一種源於盲目樂觀，在制定行動方案時，有意迴避不利因素的影響，或對未來的困難、風險及不利條件估計不足，因此，出現了問題，即使能慌忙補救一下，也收不到任何效果。

然而，從心理角度分析，導致決策失誤不外乎以下幾種心理因素：

首先是在沒有選擇的情況下做出決定。決策的第一原則就是：在沒有出現不同

意見之前，不做任何決策。當你搜尋各種可能性，並且僅僅發現了一個可接受的方案時，而得不到任何別的可能訊息，就可能迅速採納這個方案。

如果這個唯一的方案也很危險，且代價又很大，你就會認為已經山窮水盡，沒有選擇的餘地，結果就會陷入不能自救的局面，只能任由事物向更壞的方面發展而後悔莫及。

其次，你不是意識不到可能會帶來損失，只是覺得損失不會馬上出現，或者出現的可能性不大，而且認為你還有充裕的時間或可能措施來補救，你就容易低估損失的嚴重性，因而導致後悔的事情出現。

一分鐘正向思考

導致後悔的原因，大致可分為以下兩種。

一、在做出決定之前，忽視可能出現的消極後果。

二、源於盲目樂觀，在制定行動方案時，有意迴避不利因素的影響。

57

完美感是每個人的最基本需求

——假如一個人缺乏自信，工作屢遭挫折，那麼他的完美感就會受到傷害。

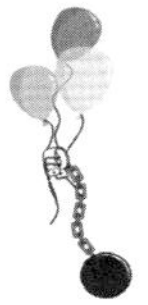

心理學家Hewitt曾經把完美主義性格分為三種類型：第一種是要求自我型，他們給自己設下高標準，而且追求完美的動力完全是出於自己。第二種是要求他人型，為別人設下高標準，不允許別人犯錯誤。第三種是被人要求型，他們追求完美的動力是為了滿足他人的期望，他們總是感覺自己被期待著，於是時刻都要保持完美。

據Hewitt分析，在這三種類型中，要求自我型最為常見。一般來講，不能容忍美麗的事物有所缺憾，是一種通常心態。對許多人來說，追求盡善盡美也是可以理解的。

格式塔心理學表明，完美感是人的最基本需要之一。假如一個人缺乏自信，工作屢遭挫折，那麼他的完美感就會受到傷害。而趨利避害是人之常情，為了避免傷害，人們盡力追求完美，這可能是產生要求自我完美主義者的心理因素。

在現代社會裏，完美主義者一方面要承受來自客觀的多方面壓力，另一方面還要承受自我給予的主觀壓力。這種局面勢必造成自己對現實的無能為力，因此變得急躁、自卑甚至急功近利，它不僅使自己覺得痛苦，更影響周圍的人，讓周圍的人都感到尷尬。

一分鐘正向思考

完美主義是一把雙刃劍，它的利弊各是什麼？

一、利：完美主義可以使人不斷向上，向更高的目標衝刺。

二、弊：完美主義也是一個沉重的包袱，壓得你喘不過氣來。

58

克服自卑的最佳方法就是建立自信

—而建立自信的前提是，必需要同時看到自己的短處和長處。

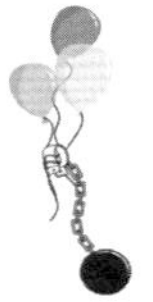

自卑感是一種過低評價自己、妄自菲薄的自我意識。自卑者通常表現為：缺乏自信，總認為自己在某些方面不如他人，以及缺乏人際的交往，不敢正視別人，不敢大膽做事，就像一隻老鼠一樣，走路都要順著牆腳走。

瑪麗憑著傑出的能力當上了部門經理。她的部門的部屬有九個人，男員工就佔了六個。瑪麗在對這些男人分派任務時，他們常常給她一個微笑，不多說一句話。瑪麗仔細品嘗著他們的笑意，總感到那裏面充滿了輕視。

為此，讓瑪麗經常膽戰心驚，連在夢裏都想著自己到底哪裡出了問題，才會遭到那些男部屬的嘲笑……而瑪麗之所以會發生以上的情況，其實都是因為她缺乏自信所造成的。

馬克思十分欣賞這樣一句格言：「你之所以感到別人的巨大而高不可攀，只是因為自己跪著。不信你站起來試試，你一定會發現，自己並不一定比別人矮一截。」

因此，克服自卑的最佳方式就是站起來，建立起你的自信。因為，建立自信，有助於克服自卑的心理。

另外，必須告訴自己，人在不同環境中生活和成長，由於先天和後天方面的差別，在能力和素質方面有一定的差別，是不足為怪的。

一分鐘正向思考

克服自卑的最佳方式就是建立自信。

一、克服自卑的最佳方式就是站起來，建立起你的自信。

二、而建立自信，首先，要客觀地進行自我分析。不僅要看到自己的短處，也要如實地看待自己的長處。

59 把歡樂與他人分享，就會有加倍的歡樂

—但不容否認的，並不是每個人都那麼願意將自己的快樂與別人分享。

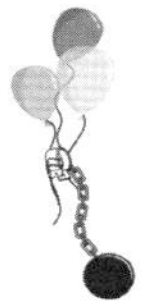

人在困境時，總想找一個知心夥伴來傾訴自己心中的煩惱和苦悶，因為，如此一來，痛苦就可以減輕一些；而在遇到快樂的時候，也會嘗試把歡樂跟自己的朋友分享，因為這樣一來，就可以獲得更大的歡樂。

然而，真心朋友是你傾訴隱情的絕好對象，當你把痛苦向真心朋友訴說，可能會獲得意外的解脫；而把成功和喜悅分享給朋友時，也能增加自身的價值。

另外，被人尊重是每個人都需要的。尊重一個人不僅在人格上、事情上，更要在細節上體現，比如，當別人告訴你什麼時，不論你認不認同他所講的話題，你都要不時用語言、眼神回應對方，以表示你對他的尊重。

遺憾的是許多人在這方面做得很不夠，或者是根本就心不在焉。也就是他們如果不是在別人說話時，左顧右盼，就是只顧自己說話，而這樣做，往往最容易傷害他人的自尊。

要知道尊重一個人，不僅要尊重他的優點，也要包容他的缺點，甚至應該尊重他所有對你做的一切。

一分鐘正向思考

把快樂分享給別人和懂得尊重別人，真的可以提升本身的正能量。

其實，把快樂分享給別人和懂得尊重別人，都是可以提升本身的正能量，可惜的是很多人明明知道，卻都做不到，甚至還做出不尊重別人，以及將快樂獨享的這種降低正能量的事。

60 即使是失敗，你也能從中學習到經驗

—而這些從失敗中學到的經驗，往往就是成功的最大動力。

其實，怕做錯事情還有一個原因，那就是怕擔負責任。事實上，工作本身就意味著責任，承擔責任不僅是必須的，也是一份榮耀。而且，承擔的責任越多，就越表示你有承擔的能力。

美國前總統小布希的就職演說有這樣的兩段話：

「正處於鼎盛時期的美國，重視並期待每個人擔負起自己的責任。鼓勵人們勇於承擔責任，而不是讓人們充當代罪羔羊，那是對人的良知的呼喚。雖然承擔責任，意味著犧牲個人的利益，但是你能從中體會到一種更加深刻的成就感。」

「在生活中，有時我們被召喚著去做一些驚天動地的事。但是，正如我們時代

的一位聖人所言，每一天我們都被召喚，帶著摯愛去做一些小事情。」

企業團隊需要每個人恪盡職守，擔負起自己應當承擔的責任，做好每一個細節，如此企業才有希望。因為，不能夠勇敢地去嘗試，不願意主動地去承擔責任，表面上看起來，你沒有損失什麼，但實際上你是在原地踏步。

現代企業的領導者都是很開明的，他們往往鼓勵員工犯錯，因為只有這樣，才能激發員工的創造力。

總之，當你勇敢地面對工作中每一個問題，你失去的只會是狹隘的自我；而當你解決了這些問題，你就會感覺到自己的成長，並從中體會到成功的美好。

一分鐘正向思考

不敢去嘗試和行動，永遠沒有機會！

一、如果怕被拒絕，你就永遠不會得到你想要的愛。

二、如果怕犯錯，你就永遠也得不到你想要的一切。

Chapter 7

怕出錯的人，往往不敢放手去做

—如果什麼都不做，又如何知道我們到底會不會做錯呢？

在現實中，我們也經常陷入既想做事，又怕做錯的桎梏中。可是一個人不可能不犯錯誤，任何工作，哪怕是做了許多年的熟練性工作，也都難免會出錯。

61 尊重他人隱私，是職場人最起碼的道德準則

—每個在職場打滾的人，還都是以打聽別人的八卦做為茶餘飯後的樂趣！

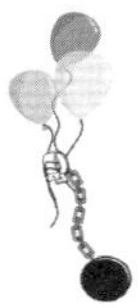

「不要打探別人的隱私，以免惹上不必要的麻煩。」這個道理是每個初次踏入職場的人，都會被資深員工告誡的一句話，但是，人性就是這麼矛盾，越是被告誡不能做的事，往往就越想要去做。

很多在職場打滾的人，往往對什麼事都感興趣，總喜歡對別人的事，打破沙鍋問到底。因此，只要哪裡有別人的八卦，通常都會忍不住自己的好奇心，私底下去探聽和挖掘，這是很不理智的行為，同時也會造成別人的反感。

每個人都有自己的生活方式和生存空間，人與人都是不相同的，對於每個個體而言，都有一些屬於自己內心，而且不願公開的事，人們稱之為隱私。

西方諺語則說：「一個人的家，就是他最後的城堡。」隱私是人格尊嚴的防線，隱私權體現了人們對私生活自由的渴望，體現了個人對自身的支配權及與外界溝通的自主權。

總之，尊重他人的隱私，其實是一個職場人最起碼的道德準則。

一分鐘正向思考

每個人都喜歡在茶餘飯後，跟三五好友「八卦」一下。

每個人都有一種「鯊魚嗜血」的特性，也就是只要聞到哪裡有「八卦」的味道，就會往哪裡去打聽，甚至在打聽之後，還當起「廣播電台」將聽來的「八卦」傳播出去。雖然，這是人的本性使然，但是能夠避免就應該儘量避免。

62 如何拒絕才不會傷害到對方

──拒絕他人的求助，不是件容易的事，你必須既不含糊，又不讓人誤解。

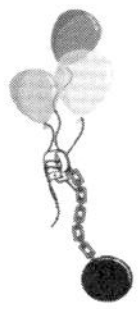

事實上，想將「不」字說出口也沒有多困難，關鍵是要會說，以及要怎麼說。你可以溫和而堅定的，也可以不用說出口，而是用表情來代替，只要掌握了要領，就可以不傷彼此之間的感情。

需要直接拒絕同事不合理的要求時，不能含糊和拖拉，以免造成對方的誤解，而心存希望，耽擱更多的時間。你完全可以在「不」的表面裹上糖衣，說「不」時溫和而委婉，這樣就不會讓人因為被拒絕而心生惱怒和難堪了。

那要怎麼做呢？比如你可以用微笑代替，或者先恭維對方，然後再婉言拒絕，另外，幽默有時也可以成為拒絕的好方法，但這要看具體的情況，也就是對方能接受到什麼程度？什麼話他聽了而不會誤解？所以這是需要把握好尺度的。

如果不好意思正面拒絕，那就採取迂迴的戰術，巧妙轉移話題，比如說工作或問問他家庭孩子的情形，明白人一聽就知道你是在拒絕他了。另有其他理由也可以，但不能隨便編個什麼理由，要合情合理才可以。

重要的是善於周旋，語氣溫和而堅定，雖然無法答應，但也不致於撕破臉。比如，你的同事在工作上與上司產生了矛盾，希望你站在他這一邊，你當然不能如此簡單就回應他，那會得罪你的上司。

你可以向對方表示同情，給予良好的建議，希望他能主動與上司溝通。然後再提出你不能參與其中的理由，加以拒絕。

一分鐘正向思考

如果不好意思正面拒絕，應該要怎麼做。

可以採取迂迴的戰術，巧妙轉移話題，比如說工作或問問他家庭孩子的情形，明白人一聽就知道你是在拒絕他了。

63 不要在老闆和同事的面前過分表現自己

—因為，過分表現的「強出頭」，結果就會讓自己成為眾人攻擊的箭靶。

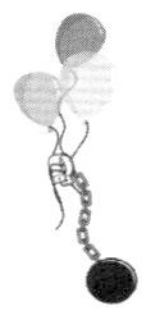

在工作中承擔責任，首先要問一下自己，為什麼是你承擔這個責任而不是別人？能承擔責任是說明你有能力，承擔的責任越大，說明你的能力越強，你今後在公司的機會也會越多。

既然老闆給你這個機會，就要抓住，不要推拖，錯了也沒有關係。如果不敢承擔責任，那麼機會不會主動找到你的身上，成功也不會屬於你。

但不要承擔過重的責任。如果過分表現自己，去承擔過重的責任，你的上司和同事會認為你是別有用心，想出人頭地。在公司每一個人的職責都十分明確，如果你承擔了別人的責任，出了問題，誰來負責呢？

所以應該只承擔適當的責任，不要超越。萬事萬物都有個尺度，超越了這個尺度，事情就會向相反的方向發展。比如考慮戰略的問題是老闆的事，但你卻做老闆要做的事，那麼要老闆做什麼呢？

因此，在工作中承擔責任，要把握好分寸，不要讓自己的責任超過自己的上司，不要對公司的愛，超過掌握自己生殺大權的上司，否則，你一定會被淘汰。

一分鐘正向思考

不要在老闆面前過分表現自己。

千萬要記住，你是一個員工，不是老闆，雖然你可以用老闆的思維去思考，但是在行動上，還是要「守本分」，按照自己的職責去做事情，充分估計自己的能力，承擔適當的責任，千萬不要在老闆面前，過分表現自己。

64 學會利用別人的批評，來精進自己

—不過，我們在潛意識裏，卻非常排斥別人對自己的批評。

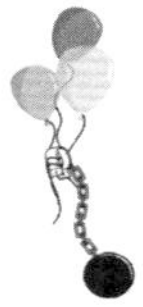

由於，每個人的性格、經歷、工作方法，以及認定事物的觀念不同，對問題的看法難免會產生一些分歧，但要做到大事講原則，小事講風格。

如果是自己的問題，要勇於面對，不固執己見，更不要把責任推到上司或別的同事那裡去，就算是上司或同事的問題，也不要咄咄逼人，得理不饒人；心胸開闊一點，給別人一個台階下，以免傷害友誼、感情和工作。但如果上司要你做一些違背公司制度，或有損顧客利益的事情，一定要堅決不做。

另外，受到上司的批評應該虛心，切忌把批評當成耳邊風，我行我素，這可能會比當面頂撞上司來的更糟。因為，這種態度表示你的眼裏根本就沒有上司。

上司對你的批評，自有他的道理，即使錯誤的批評，也有其可接受的地方。如果你不服氣，因而四處向同事發牢騷，那將會讓你和上司的關係惡化，以後你想緩和或要上司幫你，就不可能了。

其實，聰明的屬下應該學會「利用」批評來精進自己。換言之，面對錯誤的批評，要本著有則改之，無則加勉的原則去對待。

一分鐘正向思考

即便再如何有理，也不能當面頂撞上司。

當面頂撞上司，是一種最不明智的做法，那只會讓上司記恨你，因為你讓上司在眾人面前丟了面子，讓他下不了台。

65 有好的建議，要挑選適當時機向上司提出

——即使你的建議不一定被採用，也能給上司提供一個新的思路。

向上司表達不同看法或提建議時一定要選擇時機，切忌在他心情很壞的時候或用不妥的方法提出。大多數上司會很忙碌，每天要忙著開會、計畫一天或一週的工作，以及經營人際關係等，不像一般員工做完工作就沒事了。

然而，上司忙碌的時候，可能心情就會煩躁，如果這時你提建議，他一肚子怨氣正無處發洩，那就正好撞在槍口上了，他可能會因此記恨你，甚至找機會找你小麻煩，所以時機很重要。

如果建議對公司有益，最好在開會時提出，但若是你想提出與上司不同的意見，可以在私底下、他心情好的時候單獨進行。

支持上司是必要的，也是員工的職責。上司也不是神，對問題的見解有時未必全面或正確，在做決策時，肯定需要屬下的積極建議，這是你表現的機會，一定要抓住，即使不一定被採用，也能給上司提供一個新的思路。

另外，你要任勞任怨，做同事所不願或無力做的事。有些事情，上司和同事都感到棘手、無能為力，而如果你剛好有這方面的專長，能把問題解決，大家一定會對你刮目相看。

而且，時間久了，你任勞任怨、工作確實的作風，自然會提升自己在公司的形象，你就會有獲得重用的機會。

一分鐘正向思考

你要任勞任怨，做一些大家忽略或不願意做的小事。

公司裏肯定有許多不起眼的小事被大家所忽略，如果你能想到以及做到，這些小事也許就能讓你在上司的心中獲得好印象。

66 只有先接受事實，才能追求更美好的未來

——有些事實的確很殘酷，但如果你不敢面對，又如何讓自己繼續走下去。

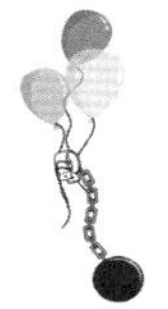

公司裏同時來了兩個女孩，業績都不錯。年底年度考績公布之前，全公司都在傳說兩個人即將要升職。她們也都做好了準備，甚至連下一年度的工作計畫都提早做好了。可是，高升的職位只有一個，最後的結果，只能是一個升上去、一個在原地不動。

如果你就是那個在原地不動的人，你會怎麼辦？也許你還會遇到更糟糕的：你工作努力，成績不錯，全公司都承認你是個敬業的人，但是，當新的人事命令下來，你赫然發現，比你來得晚的人，卻比你「爬」得快、升得高；再糟糕一點，他居然成了你的頂頭上司。你當然會很不舒服，但是不舒服又能如何呢？

這樣的事，不只是你，很多人都經歷過，有人一氣之下辭職不做了，還有的看不過去，甚至栽贓陷害對方，當然也不是所有的人都表現得如此。

雖說同事成了你的上司，確實很彆扭，嫉妒也是人之常情，但是再怎麼嫉妒也是改變不了什麼，因此與其讓嫉妒在自己的內心充斥，不如勇敢地接受事實。

一分鐘正向思考

你要好好地問自己，為什麼升官的人不是你？

如果你發現，比你晚進公司的人，卻比你升得高，你難免會心生不服，不過在心生不服之餘，是否也必須自省一下，自己是不是有什麼地方沒做好，才無法成為老闆拔擢的對象。

67

可以當你上司的人，靠著是他的智慧而不是年齡

—因此，千萬不要認為別人年紀比你輕，就無法當你的上司。

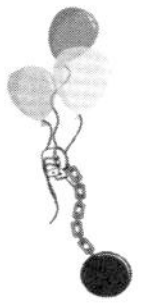

許多事情都不是嚴格按照先來後到、優上劣下的規則來的，如果你遇到升官的人，比你還要資淺的情況，只有先接受，自己才能追求更好，否則，你就是自己和自己過不去。

而且，也許事情並沒有你想像得那麼糟糕。比如，你的老闆可能正在考慮你更適合做另外一個職位，而那個位置暫時還沒有空出來。但因為你的嫉妒，你在老闆眼裏一下子就矮了很多，你會讓你的老闆覺得你太過短視、太沒度量，怎麼可以擔當重任？

其實，你完全可以這樣想，當不上主管，當一個核心員工，其價值可能並不比

當一個主管小，想開了才能被別人理解和看重。

因為，不管是誰當了你的上司，他身上總有你所不及的長處。當你心裏全是那種不服的感覺時，可能你就看不到他的長處。冷靜下來，找出他的長處，不僅能調適你心中的不平，更能讓你有所收穫，要知道我們是與人的「智慧」一起工作，而不是與人的「年齡」一起工作。

換句話說，當你面對一個比你資淺的人來當你的上司，你可以壓住心中的妒火，並大方地送他一束鮮花祝賀並讚美他。同時還要全力積極支持這位新任上司的工作，盡你所能地去配合他，如此一來，你給別人的印象，將是一個懂得謙卑，度量很大的人。

一分鐘正向思考

你要看到上司身上的長處。

不管是誰當了你的上司，他身上總有你所不及的長處，當你心裏全是那種不服的感覺時，可能你就看不到他的長處。

68

怕出錯的人，往往不敢放手去做

——如果什麼都不做，又如何知道我們到底會不會做錯呢？

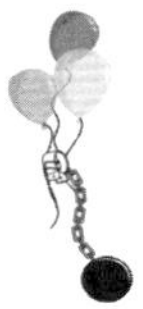

有抱負的你很想一試身手，去承擔重責，做一些別人不願意做的事情，解決工作中，別人無法克服的難題，但心中總是擔心會出錯，結果就是讓自己陷入進退兩難的境地。

一個孩子在路上撿到了一隻小麻雀，歡天喜地的往回家的路上跑。到了家門口，突然想起母親不喜歡這類小動物進房間，於是就將小麻雀藏在家門外，進屋去請示。當孩子得到母親的允許去拿他的小麻雀時，小麻雀已經落入了貓的嘴裏。

在現實中，我們也經常陷入既想做事，又怕做錯的桎梏中。可是一個人不可能不犯錯誤。任何工作，哪怕是做了許多年非常熟練的機械性工作，也都難免會出錯，但是我們並不能因為害怕出錯就什麼都不做，雖然一個人做得越多，出錯的機會就越大，什麼都不做，自然就不會發生任何錯誤，但這是鴕鳥的行為。

另外，由於事物的多變，可能你認為是正確的，別人卻以為是謬誤，也可能過去是對的，現在又是錯的。世界上沒有絕對正確的事情，工作中任何事情，都可以引發不同人的不同觀點。

難怪曾國藩心有體會地說：「名滿天下，謗亦隨之。」秦始皇、劉邦、李世民……哪一個不是如此？更何況是凡人的你？

一分鐘正向思考

「寧可做錯，卻不可不做」的兩個理由。

一、因為怕噎著而不吃飯，就會餓死。

二、因為怕犯錯，而不做或少做點工作，就永遠不會進步。

69 你要在別人面前，適時表現自己

—不主動表現自己，別人怎麼會知道你？你又怎麼會得到好的評價？

雖然你很突出，但晉升的機會每次都與你擦身而過，似乎命運與你做對。想離開又不甘心，畢竟已經付出那麼多，但是留下來卻又很痛苦。其實，每個公司裏都會有這樣的人，不僅工作努力，甚至業績出色，並且能得到上司的信任，可是往往一旦出現升遷的機會，他們似乎總是那個被遺忘的人。

吉姆和伯恩性格不同，但都是公司的部門經理。吉姆管的是行銷部門，人多且重要，伯恩管的是宣傳部門。吉姆以部門大而自居，工作並不主動，每次去老闆那裡彙報工作，總是刻意安排在最後，等到他彙報時，老闆已經非常疲累，他就可以便宜行事地簡單報告。

伯恩則敢於爭先，每週都堅持要向老闆彙報一次工作的進度，並且總是爭取先安排他彙報。彙報時，他除了談自己的工作，還會談到與其他部門的配合以及未來的計畫，且從沒忘記對上司和同事的感謝。

公司的高層在評論兩個部門經理的工作時，普遍都覺得伯恩很會做事，而且成績也不錯，但對吉姆則有一種不甚瞭解的感覺。

爭先和謙讓，做法不同，效果當然也就截然不同。如果不主動表現自己，別人怎麼會知道你？你又怎麼會得到好的評價？這就像金子的確有發光的天性，但是如果把它埋進土裏，有誰會看得見土裏的金子所發出的光呢？

因此，如果你感覺自己具備做某項工作的能力與本領，就儘管去爭取好了，因為如果你不去爭取，就沒有人知道你的能力。

一分鐘正向思考

除了努力做好工作，適時表現自己，還要做到什麼？

一、還要善於把握表現自己的技巧。

二、還要獲得上司的認可、適時地向上司表現自己的才能。

70 主動表現你的潛在價值

—要抓住機會表現自己多方面的才能，並且用成績來說話。

推銷自己要講究方式和包裝。上司一般自詡有伯樂的眼光，但對於自我推薦或被別人引薦來的人，似乎不願意去重用，那麼，你在自我推薦時就要迂迴表現出能力，讓上司注意到你。

傑克是一家燃料公司的經理，公司附近有一家很大的化工廠，每年需要大量的焦炭，卻從來也沒有買過他們的焦炭。

傑克於是策劃召開一次研討會，主題是化工業的發展與環境的關係，並且趁機到化工廠，誠懇地向老闆請教有關化工企業的問題。

老闆十分熱情提供許多見解及數據，兩人談得十分投機。當傑克離開時，老闆親自送他出門，還要傑克有空可以來商談購買焦炭的事情。

其實，傑克的成功便在於他雖然隻字沒提到供貨之事，卻透過投其所好的方式，讓化工廠的老闆主動提及向他買貨的事。

表現是必須講策略的，而向上司表現什麼呢？這個問題非常重要。比如，表現你過去不凡的成績？那只會證明你現在比過去做得差，你沒有進步；表現自己對公司、對上司的忠誠？但忠誠本來就是做部屬應該盡的職責。

所以最聰明的策略是表現你的潛在價值。因為，如此一來，上司才能明白你有才華和能力，可勝任比目前更具有挑戰性的工作，且能為公司創造最大價值。

一分鐘正向思考

主動向上司表現你的潛力。

一、主要是要向上司證明你不僅可用，而且還可以重用。

二、主要是要向上司證明你不僅可以做好目前的工作，而且還可以擔當重任。

Chapter 8

你會感到委屈，是因為只從自己的角度看問題

——你要想辦法瞭解事情背後的真正原因，以消除自己的負面情緒。

你會感到受委屈，是因為你只從自己的角度來看問題，如果你瞭解了這層原因，就不會感到委屈或有過多的抱怨了。

71 如果有人想搶走你手上的功勞

—你必須以擁有人的名義，奪回屬於自己的功勞。

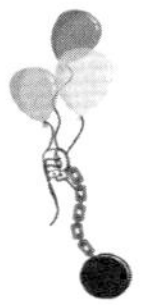

在公司裏做事，總會有些上司和同事喜歡不勞而獲，眼睛總盯著別人口袋裏的東西。他們似乎具有某種天賦，一下子便能看出誰的功勞可以搶，誰的功勞搶不來。

而且，他們也總有一些看似很高明的招術，比如，你正在拖地板，他看見老闆走了過來，於是立刻從你手裏搶過拖把；而當老闆走過去時，他又藉故的將拖把還給你。或者，當你們共同負責一個企劃案，你熬了幾個通宵達旦，好不容易將企劃案完成之後，他卻什麼忙都沒幫，就在你獨自完成的那份企劃案上，簽上他的名字，甚至還簽在你的前面。

如果真的有人把你的功勞忘記了，或者根本就是想把功勞歸屬於自己，那麼你必須以擁有人的名義奪回屬於自己的功勞。

你可以用堅決的態度直接表示這是屬於自己的功勞，這種方法對於女性上班族來說特別重要。因為，許多女性員工通常喜歡從大家的角度，而不是個人的角度來思考問題或做企劃，所以她們的想法和創意就常常會被男同事佔為己有。

如果從積極面考慮，大家都是想要做出最好的成績，而且對方的確出了不少力，這時他想跟你分享成果，也許還可以理解和忍受。但如果對方根本什麼事也沒做，就想要居功，這時你可就要考慮了。

一分鐘正向思考

你必須捍衛屬於自己的功勞。

當你絞盡腦汁想出一個好主意，或者你努力工作為公司發展做出了重要貢獻時，卻有人試圖把這份功勞佔為己有，你必須以擁有人的名義，奪回屬於自己的功勞。

72

你應該理直氣壯地爭取屬於自己的功勞

—如果不主動搶回屬於自己的功勞，那麼任何人都是幫不了你的。

如果你發現有同事想搶你的功勞時，必須早點用行動來反制，因為，一旦等你的同事把你的想法散布開來，而且所有的人都認為這個好主意是他想出來的時候，可能就無法挽回了，弄不好還會變成是你在搶別人的功勞。

當然，如果你根本就不打算爭，或者想以退為進，或許可以採取放棄的方法，但這似乎不是一種很好的方法，然而，對於某些人在某些狀況下來說，這或許是最好的。因為，有時候並不是所有被搶走的功勞，都可以搶回來的，你要考慮所付出的代價和可能性。

也就是你可以先問問自己哪個更重要，到底是想把這個想法付諸行動，見到成效，還是只是為了證明這個點子是你的而不是他的？

然而，什麼時候應該理直氣壯地爭取屬於自己的功勞？什麼時候又應該適時地做出一些犧牲？在做出決定之前，你應該先考慮這場「功勞爭奪戰」所花費的精力和成功的可能。其實，在很多情況下，功勞屬於誰的，對你來說並不重要，而只是原則問題，但如果你正面臨一次重要的升遷，需要證明這些功勞的所有權屬於你，你就要竭盡心力去證明……

但有時候，也許爭搶功勞的舉動，會讓你的上司不滿或不解，甚至會讓他認為你為什麼就不能多利用時間，來做點更有意義的事情？在這種情況下，你可能就要鄭重考慮是否退出這場爭奪功勞的混戰了。

一分鐘正向思考

所有被搶走的功勞，不一定都應該理直氣壯地爭回來。

一、如果被搶走的功勞，暫時奪不回來或爭取的價值不大，就不一定要爭回來。

二、如果爭搶功勞的舉動，已經引起老闆的不滿或不解，就不一定要爭回來。

73 你會感到委屈，是因為只從自己的角度看問題

─你要想辦法瞭解事情背後的真正原因，以消除自己的負面情緒。

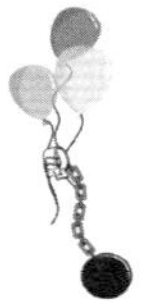

在變幻莫測的職場，再有成就的人也難免會受到傷害，不管你做得多麼完美，也無論你的職位多高。生活本身就是無常的，何況是在競爭異常激烈的現代社會，利益極端衝突的職場。

有衝突就一定會有受傷，而大多數人不願把傷口暴露給別人知道，總想自己治療。其實，受了傷害，忍受疼痛的同時，還要有辦法治癒它，然後快樂地上路，這才是積極的心態。

然而，當你受到委屈時，到底應該怎樣化解，才能撫平傷口不留後患呢？

你底下的一位員工在工作時，產品的品質出現嚴重問題，老闆知道了，把怒火

全發在你的身上，似乎認定這完全都是你的過錯。

此時明明是你部下的錯，卻要你來承擔；而且你為了顧及老闆的尊嚴又不能爭辯，只能默默的承受。遇到諸如此類情況，相信誰也不能不覺得很委屈。但是你有沒有想過，老闆這樣做，有時候正好說明他對你的信任。

也就是由於信任，他才把這個部門交給你負責，你要對他的信任負責。而你會感到受委屈，是因為你只從自己的角度來看問題，並沒有從老闆的立場或公司整體上來看問題，如果你瞭解了這層原因，就不會感到委屈或有過多的抱怨了。

一分鐘正向思考

你必須承擔自己部屬的錯。

一、從公司的角度看，你的部屬有過失，是因為你沒把他教育好，你應該承擔領導者的責任。

二、有時候，正是老闆對你的信任，才會這樣嚴厲的責罵你，而老闆會這樣做，主要是為了提醒你必須帶好你的部屬。

74 受到不公平待遇時，要怎麼因應？

—最佳的方法就是先想辦法釋放你受到不公平待遇時，所產生的負面情緒。

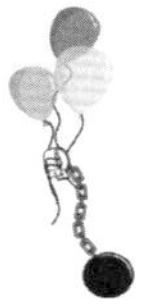

雖然，你盡一切努力去配合上司的工作，但是上司偏偏對你不理不睬，而且時常無緣無故對你出言不遜。做為屬下，你一再忍耐，可是矛盾進一步激化，上司天天找你的麻煩，你的怒火無處發洩，心裏的難受無法用言語表達，每每想起，內心就鬱悶，覺得自己很窩囊。

然而，這時你首先要明白一個道理，情緒本身是無所謂好壞的。所謂的「負面情緒」，不過是指情緒的反應與現有的環境、你的身分或工作角色發生衝突，你壓抑自己的憤怒與不平，無非是怕這種影響會損傷你的良好形象，對今後的發展也不利。

所以最佳的方法是釋放，選擇一個安靜的環境，將所體驗到的情緒和感覺，譬如委屈、憤怒、難過、悲傷等，全都釋放和發洩出來，也就是你可以在不影響他人的環境下，好比在曠野草地、河畔海邊、山頂深谷等地方，用你認為可行的方式來釋放憤怒的情緒。

但在釋放的過程中，要明白此時的心理感覺是什麼？待情緒釋放完畢，便知道那些感覺背後的需要是什麼，而你也將逐漸學會和自己相處，並且善待自己。

一分鐘正向思考

上司天天找你的麻煩，你為何會感到鬱悶，覺得自己很窩囊。

一、是心理充滿了憤怒和不平，因在衝突的過程中，由於雙方力量的不平衡，對方的情緒發洩了，你的情緒卻沒有得到發洩。

二、是你覺得自尊被傷害，卻得不到及時的補救和挽回，對自己的心靈產生了很大的破壞。

75 在職場受到人身攻擊時，該怎麼辦？

——儘量裝做不在意，只管埋頭於工作中即可。

職場是一個小型社會，也存在著像大自然一樣的弱肉強食現象，在公司裏，你或多或少都會遭到人身攻擊或遭人排擠。

有被攻擊者，就一定有攻擊者。這個攻擊者可能是一個人，也可能是一個小團體；身分可能是你的上司，也可能是同事，各種狀況都有。

不管你做得多麼完美，也無論你的職位多高，越有成就的人往往越會受到傷害，因為沒有人會去踢一隻死狗。

受到攻擊，或許是你有意無意招惹了別人，或許是因為你工作出色受到重用，而顯示出周圍人的無能或消極。前者是你自己的問題，後者則正好說明你是有能力的，而且工作尤為突出。

假設你發現了自己被孤立和排擠，同事們已經對你產生了敵意，此時你只要儘量裝做不在意，只管埋頭於工作中即可，這樣就可以斷絕所有的閒言閒語。

如果採取漠視的態度，仍舊不能免除受傷害，甚至影響到工作的進行，那就可以直接責問對方為什麼要做這麼無聊的事，並且警告對方立刻停止這種無聊的遊戲。

不過，唯一的條件就是，一定要選擇大家都在場的時候，這樣，大家都可以當你的見證人或是裁判。也就是在公開的場合，眾目睽睽之下，把事情攤開來談，才能避免自己受到更大的傷害，而且有利解決問題。

一分鐘正向思考

在職場表現太出色，就容易受到別人的攻擊。

一、你在職場有意無意之間，不小心招惹了別人，就會受到別人的攻擊。

二、因為你工作出色，受到重用而顯示出周圍人的無能或消極，就會受到攻擊。

76 中階主管要做承上啟下的溝通橋梁

—因為，上司有上司的觀點，屬下有屬下的理由。

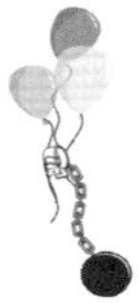

任何公司的組織都會有中階主管，而中階主管也是很多人羨慕的職位，因為大事有上面頂著，小事有下面扛著，既不用像屬下那樣辛苦耕耘，也不用像老闆那樣承擔風險，拿著不錯的薪資，過著悠哉的生活。

其實，在很多中階主管的心裏，所謂的風光已經轉化成一種難堪，他們被夾在上司和屬下中間透不過氣來，面對問題常常是兩邊都不討好。既要做到使上司滿意，也要讓屬下開心；既要爭取上司的信任，又要贏得屬下的擁護；太認真不行，不認真也不行，這做起來的確是很難。

上司有上司的觀點，屬下有屬下的理由。讓中階主管無法排遣的是上面根本不體諒你的苦衷，下面也不理解你的難處，這是做中階主管的最大苦惱。

其實，苦惱的產生源於心態的不正和處事策略的失當。在公司，不管你的職位有多高，只要你是在老闆之下，就要記住你是輔助老闆完成工作的，是執行者而不是決策者。

因此，老闆的決定即使不對或不合你意，甚至與你的觀點完全相反，你也應該不折不扣去執行他的決策。這是工作程序的要求，也是做屬下的本分，只要能想通這一點，你就不會感到有什麼不順暢了。

一分鐘正向思考

如果你是執行者，就不要做決策者才能做的決定。

在公司，不管你的職位有多高，只要你是在老闆之下，就要記住你是輔助老闆完成工作的，是執行者而不是決策者。

77 你要做上司和屬下之間的變壓器

─你必須扮演變壓器角色，將上司輸出的電壓調節後，再傳遞給屬下。

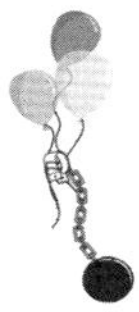

中階主管既然不是決策者，又沒有能力去影響或改變上司的決策，那麼在執行時就要講究策略，否則，會把事情弄糟。

身為一個中階主管，既要把上司的決定準確傳達給屬下，又要平息屬下的情緒，把工作開展起來。因此，有時候你必須扮演變壓器的角色，將老闆輸出的電壓值，予以調節之後，再傳遞給屬下。

面對老闆的責罵、屬下的抱怨所產生的壓力，要學會「變壓」。比如，做為主管的你，向老闆彙報屬下的業績，並提出相對的獎勵辦法，這並沒有什麼錯。因為沒有你這座橋，老闆不會清楚員工到底做了多少工作。

但如果不瞭解老闆的脾氣和行事風格，也不清楚自己部門的業績，是否會得到老闆的肯定，直來直往或死皮賴臉地去要求，可能會招來老闆的臉色。

所以在為屬下申請的獎勵得到批准前，不可輕易的向屬下信誓旦旦做承諾，以免到最後，結果有落差，不僅難以向屬下交待，自己也會把自己逼得沒有退路。

權力只能在自己的職責範圍之內行使才有效，超越了這個範圍就是越權。你最大的權力是鼓勵屬下、肯定屬下，至於給不給做出成績的屬下獎勵，獎勵多少，你可以爭取，但無權決定。

一分鐘正向思考

中階主管不要做兩邊不討好的事情。

一、為了取悅老闆，而不顧屬下的利益的事情，不要做。

二、為了屬下的利益，去頂撞老闆的事情，不要做。

78 如何贏得屬下對你的理解和支持

——你要讓屬下知道，你會竭盡所能地為大家爭取應得的利益。

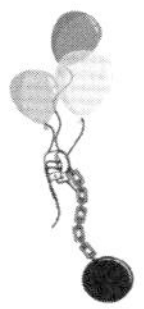

身為中階主管的你，可以使用恰當的方式，在不破壞工作程序的前提下反映問題，譬如把報告呈給ＣＥＯ，請他轉呈董事會。

另外，對屬下的要求，必須理解和接受，不要全部推翻，否則，會被人說成是沒有擔當。因為，就算是幫屬下提議無效，你也許可以改變和老闆的溝通方式，並爭取得到其他主管的理解和支持。

遇到難題時，可由側面讓屬下們瞭解，盡可能得到他們的支持和理解。要讓屬下知道，你是站在公司和屬下這兩個角度來考慮問題的，你會公正地評斷大家的成績，也會不失時機地為大家爭取應得的利益。

贏得屬下對你的理解和支持，這是成為一位出色主管的關鍵。贏得員工的心，團隊才能有力量，你才會有向上司邀功的基石。

要及時體察屬下的苦衷，多為他們解決難題。關鍵是要加強與屬下的有效溝通，把問題主動擺到桌面上來談，以求大家的理解。也許你的屬下在瞭解事情的背景後，或許也能幫你想出一些好點子。

只要你清清白白的做人，踏踏實實的做事。上司交待的工作，能發揮團隊精神，並且贏得屬下的有力支持，努力完成。在解決問題的過程中，以誠懇的心待人，這樣即使出了差錯，你也可以獲得別人的諒解。

一分鐘正向思考

遇到難題時，如何得到屬下的支持和理解。

一、可由側面讓屬下們瞭解你的難處。

二、要讓屬下知道，你是站在公司和屬下這兩個角度來考慮問題。

79 和老闆溝通，應注重方式和技巧

—很多情況下，老闆不會去關心你工作的過程，他們只看重結果。

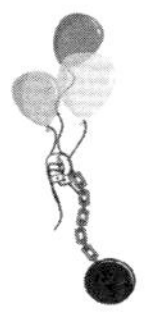

很少有老闆喜歡那些總是為屬下爭取利益的人，因為這往往意味著公司要多付出金錢。如果你確實認為需要為屬下爭取利益，你就要多花些心思讓老闆知道屬下對公司的貢獻。畢竟有了成績，公司獲得的利潤多了，分出一些來激勵屬下也是理所當然，關鍵就在於你如何說服老闆。

很多情況下，老闆不會去關心你工作的過程，他們只看重結果。所以在和老闆溝通時，應注重方式和技巧，多幾種溝通方式以應付變化。比如對坦率的老闆你不用兜圈子，直言不諱。對視權力為命的老闆，你得學會大小事情多請示，請他決策。對喜歡猜忌的老闆，你要把問題說明白，打消他的顧慮。對開明的老闆，你可以大膽建議，積極爭取。

最後要巧妙轉移屬下的不滿，因為任何屬下都是團隊的重要組成分子，也是助你完成任務的執行者。不要以為他是你的部屬，就得聽你發號施令，對員工來說，得到認可和尊重，有時候比得到物質獎勵更重要。

誰也不想犯錯，畢竟出了錯，也是一件令人難堪的事。屬下的能力不如你，當然做起來就不能事事如你意。再說，每個人的做事方式和風格也不一樣，殊途同歸，只要有一個讓你滿意的結果就好，何必非得按照你的模式呢？

要知道以能力服人固然重要，以德服人、以心服人更加難能可貴。

一分鐘正向思考

為什麼老闆不喜歡那些總是為屬下爭取利益的主管？

一、因為這往往意味著公司要多付出一些金錢。

二、因為老闆還是比較喜歡聽到下屬可以為公司做出哪些貢獻。

80 對待不同的上司要有不同的因應方式

—掌握正確的應對方法，一切就能迎刃而解了。

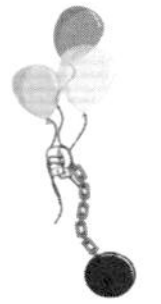

身在職場，你會遇到各種不同的上司。這讓你常常感覺到無所適從，也不知道怎麼做才能讓他們滿意，更不知道問題究竟是出在哪裡。有一條原則必須謹記：在別人的手下做事，就要適應別人的個性，否則就會陷入非常尷尬的境地。而這也就是說，要明白一個道理—用不同的鑰匙開不同的鎖。

面對工作狂，你可以示弱於他，因為這類的上司往往認為自己是天下最能幹的人，每天除了執著於工作，沒有別的事情可做，時間對他來說似乎永遠停止在白天。因此，他也希望屬下都能和自己一樣拚命工作，不分晝夜。那麼你就要不斷向他求教，讓他感覺到你是在他英明領導下工作並取得成就，這樣就可以得到他的賞識及重用。

遇到強權者，就要勇敢一點，因為這類上司通常認為，屬下是需要壓制的，否則就會鬧翻了天。只有不斷威脅屬下，才能讓屬下服服貼貼聽命於他。如果預料到他將會對你不利時，你就必須要讓他感覺到你的重要價值。

如果上司是個喜歡猜忌的人，最好的辦法就是每天或至少每週向他彙報一次工作進度，明白的告訴他，你今天或這週都做了哪些工作，以消除他的疑心，讓他對你放心，而不是整天懷疑你偷懶不工作。

一分鐘正向思考

你可以這樣跟優柔寡斷的上司相處。

一、你可以在不讓他感到有失身分的前提下，支持他的決定，幫他增強信心，那就省事多了。

二、這種上司通常在做決定的時候，願意與人商量，如果你能多跟他探討一些問題，還會增加他對你的信賴。

Chapter 9

如何減輕自己的工作壓力

—在緊張的工作空檔，適當地透過玩遊戲、開玩笑來放鬆一下心情。

有些人喜歡在壓力中生活，在壓力中迎接挑戰，但是壓力多了終究也會讓自己喘不過氣來，久而久之就會損害到身心健康。

81 上司的能力，真的不如你嗎？

—認識到上司能力比自己低時，說明你有高度。

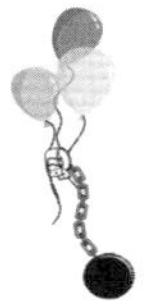

職場生涯中會遇到許多問題，其中之一就是上司的能力比自己低，遇到此種狀況是常有的事情，身為職場人該怎麼辦？或許，你可以先問問自己，上司真的不如你嗎？哪裡不如你？還是你自命不凡？其實，上司有時候並不是真的不如你，不過是對工作的認知和處理的方式讓你無法接受罷了。

甚至有時候，上司會故意示弱，其目的有三，第一、無非是想探究部屬的真才實學和對問題的看法，以便更好地對部屬進行掌握，或做為提升重用的依據；第二、是想透過這種方式來收集意見，便於更正確地決策，聰明的上司大多會如此；第三、是想給部屬展示自己的機會，讓部屬發揮自己的才智，從而達到激勵部屬和培養部屬的目的。

所以，做為部屬千萬不要把上司的智慧之舉，看成是他的無能。如果上司屈身求教於你，而你連上司的真正用意都不清楚，就不要認為上司無能，甚至認為上司不如你，並到處誇耀自己的能力。

再說，上司有不如自己部屬的地方也是正常的事情。現實中並不是每個上司各方面都比部屬強，也不是比別人強的人都能當上司。更何況，認識到上司能力比自己低時，也說明你的人生有高度。

一分鐘正向思考

如果遇到上司的能力比自己低，該如何因應？

一、你可以先問問自己，上司真的不如你嗎？哪裡不如你？還是你自命不凡？

二、你可以這樣告訴自己，上司有時候，並不是真的不如你，不過是想給部屬展示自己的機會。

82

尊重上司，是最起碼的職場共識

—上司之所以能成為上司，肯定有某些超越你的地方。

每個上司肯定都有優於你的地方。寸有所長，尺有所短，所以你應該認識到，儘管上司不如你，但上司之所以能成為上司，肯定有某些超越你的地方，儘管你在某些方面都比上司強許多。

但在工作經驗，某些方面的資源，某些特殊的技能知識，與整個企業組織的感情架構，上司的上司或其他周邊關係相互瞭解的程度等，這些恐怕是你所不具備的，其實，成為上司是需要多方面的條件，絕不是單一的業務能力強就可以勝任的。所以，即使上司真的不如你，你也應當堅持做個好部屬。聰明的做法是，尊重與維護上司，也就是無論上司的能力比自己低多少，都應該尊重上司，這是最起碼的職場共識，沒有這個共識，無論你到哪裡都會很難受的。

為什麼？因為你的上司具有你所不具有的能力，以及需要學習的地方，你想進步成長，就應該取其長處。

因此，如果從這個意義上講，他不僅是你工作上的上司，也是你成長中的師傅。然而，從你自身成長的角度來看，你把不如上司的地方都學到了，縮小了自己與上司的差距，再加上你優於上司的地方，綜合起來的能力，或許超過上司了，那麼你為何還沒有得到晉升，主要的因素還是你的工作經歷累積不足，而這也就是你遠遠不如上司的地方。

一分鐘正向思考

面對上司真的不如你的狀況，最聰明的做法就是尊重你的上司。

一、尊重與維護上司，也就是無論上司的能力比自己低多少，都應該尊重上司。

二、尊重上司，是最起碼的職場共識，沒有這個共識，無論到哪裡都會很難受。

83 即便上司真的不如你，你也應該支持幫助他

—支持上司、幫助上司並不是為了討好或拍馬屁，而是工作上的需要。

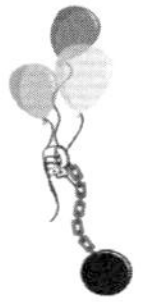

上司處在上司的職位，並不是他有多麼重要和了不起，而是職位的需要，因此，你最起碼應該尊重上司這個職位。

公司設立了上司這個職位，那麼這個職位就理應受到部屬的尊重，不然公司組織不就有問題了嗎？設身處地想一想，一旦你成為別人的上司，而得不到別人的尊重與維護，你又該做何感想？

其實，遇到一個不如你的上司，也是你展示才華的好機會。而且，即便上司不如你，你更應該盡力協助上司推動工作，積極出主意幫上司想辦法，這是做為部屬最起碼的職業準則，如果你真正能做到尊重他，支持並幫助他，你就是一個有力量

的人，而不是只會袖手旁觀，不聞不問，或等著看上司出醜。。

為什麼應該支持與幫助上司？因為如果他什麼地方都比你強，你也就失去你的價值了，你在上司那裡就顯得無足輕重了。而且，當上司有你沒你都一樣的時候，就是你被淘汰的時候了。

然而，支持上司、幫助上司並不是為了討好或拍馬屁，而是工作上的需要。因為團隊的發展需要全體成員群策群力，只不過上司是帶領大家實現團隊目標。更何況你有智慧和力量不貢獻出來，能說你盡職盡責了嗎？要知道貢獻給上司，就是貢獻給自己所在的團隊，你最終肯定也會受益的。

一分鐘正向思考

為什麼應該支持與幫助上司？

一、因為，如果他什麼地方都比你強，你也就失去你的價值了。

二、而且，當上司有你沒你都一樣的時候，就是你被淘汰的時候了。

84 如何減輕自己的工作壓力

——在緊張的工作空檔，適當地透過玩遊戲、開玩笑來放鬆一下心情。

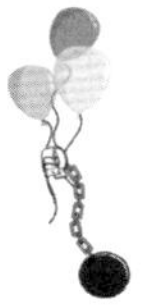

許多上班族不如意的時候，總是習慣於把工作場所稱為「地獄」，遭遇不幸就認為自己進入了地獄之門，其實，地獄和天堂只是一念之差，而這正是取決於自己的態度和認知。

不少人採取消極的方法來對待壓力，如一味忍受、設法躲避、尋找藉口等，時間一長，就會變得更加疲憊。

工作本身雖不是遊戲，可是在緊張的工作空檔，適當地透過玩遊戲、開玩笑來放鬆一下心情，是完全可以減輕壓力，讓自己變得輕鬆些。

也有些人喜歡在壓力中生活，在壓力中迎接挑戰，覺得那樣子是很有成就感。

但是壓力多了終究也會讓自己喘不過氣來，久而久之就會損害到身心健康。

現代社會，工作的腳步不斷加快，得失似乎也在一時之間，變化常會讓你頭昏腦脹，一旦跟不上節奏，就有可能落入憂鬱的陷阱中，而形成無形的壓力。

然而，在自己工作情緒不好時，可以透過各種方法來排解它，譬如，可以把自己的得失向朋友傾訴和分享，特別是在心情不好時，可以找知心朋友聊聊工作以外的事情。

總之，多想想自己的成功或者美好的時光，以及回憶過去的輝煌與別人對自己的讚美，便可以暫時告別工作中的壓力，讓自己輕鬆輕鬆，如此一來，也能為每天的工作帶來源源不絕的動力。

一分鐘正向思考

當自己工作情緒不好時，可以透過什麼方法來排解它？

一、把自己的得失與朋友傾訴分享，特別是在心情不好時，可找知心朋友聊天。

二、適時發出你的感慨，可以忘記憂鬱，或許還可能發現對你有幫助的東西。

85 有效安排工作和休閒的時間

——充分利用下班閒暇的時間，做與工作無關但足以調節緊張情緒的事。

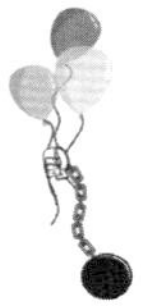

通常，剛到陌生的工作環境，可以讓你充滿好奇、興奮、新鮮，什麼事情都想躍躍欲試。然而，逐漸熟悉之後，這些就都失去了，更多的體驗是謹小慎微、見怪不怪、程序化地完成任務，長此以往，工作激情就消失殆盡，似乎只留下了一個空空蕩蕩的軀殼。

為此，你可以想辦法，自己創造各種「陌生」的環境，時刻給自己一些新奇感。你還可以開闢學習充電的各種不同環境，從而為進一步發展，充實本身實力，也可以爭取參加公司或者相關機構的培訓課程。

善於安排時間的人，總是感覺生活是輕鬆的，工作是愉快的。因此，你應該對生活和工作所有的內容做好計畫，並在規定的時間內完成，讓自己的工作生活有明顯的節奏感，就像彈一首曲子一樣。

因此，在下班後，要充分利用閒暇的時間，做與工作無關但足以調節緊張情緒的事，切忌變成工作狂，將工作帶回家做。

養成備忘你的工作的習慣，以便讓自己能更明確目前已經完成了哪些，還有什麼沒有完成；必要的時候，可以把一些沒有那麼緊迫的工作留到明天，這樣就可以使工作、學習、生活、休閒娛樂，做到更加和諧與有效。

一分鐘正向思考

隨時隨地養成備忘工作的習慣。

一、如此一來，可讓自己能更明確目前已經完成了哪些，還有什麼沒有完成。

二、對沒完成的工作，可從容分配時間完成，切忌不要什麼都一鼓作氣的做完。

86

老闆往往跟自己想像的有很大出入

—老闆就是老闆，與其逃避事實，不如面對問題來跨越你們之間的藩籬。

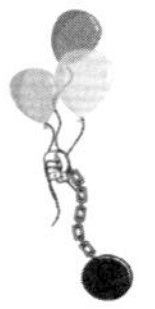

只要擁有權力的老闆、上司並非都是容易相處。如果你看老闆不順眼，可能他也未必喜歡你。只要在一起工作，只要有上下級關係，暗礁就會存在。但是只要你還想在他手底下工作，那麼你就應該正視你和他之間的暗礁。

很顯然，在公司裏老闆比員工有更多的權力。權力本身意味著一個人的號令，而使另外一個人或一群人服從執行。老闆擁有權力，所以才會頤指氣使；工作是為了生活，所以不得不忍氣吞聲，而這也是一種不得不遵守的工作秩序。

人生在世，固然有許多事是可以控制的，例如，你可以自由挑選在哪裡讀書、和誰交朋友以及居住的地方，但你卻不能選擇自己的父母，甚至不能自由選擇你想遇到的老闆，所以有很多的時候，只能默默接受。

況且，重新選擇又能怎麼樣？想找一個令你滿意、一點都挑不出毛病的老闆，幾乎是不可能的。

許多人一旦察覺自己的老闆，跟自己原本想像的有很大的出入，就認定自己進錯公司，不知何時才有出頭之日，於是，開始抱怨自己為什麼就這麼不幸？

但問題是，這些抱怨不僅無法解決問題，而且，只會讓你在無端的抱怨中浪費光陰，失去機會。總之，老闆就是老闆，與其逃避事實，不如面對問題來跨越你們之間那道看不見的藩籬。

一分鐘正向思考

不要讓發牢騷和怨天尤人，充斥在自己每天的生活當中。

因為，抱怨不僅無法解決問題，而且，只會讓你在無端的抱怨中浪費光陰，失去機會。

87 不要只會抱怨你的老闆

—也許你的老闆也有難言之隱，他其實也不想板著臉孔對你說話。

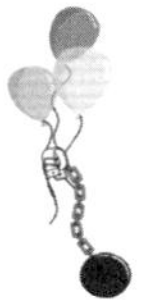

你應該與老闆共患難，步調一致。因為，當一處又一處代表老闆的「暗礁」擋住你的職場生涯的航程，你所駕馭的這葉「孤舟」，若撞上去一定會是一個粉身碎骨的結果，而且不管你的衝擊力多大，也不會損其「暗礁」的毫毛。所以，當你發現了老闆這個「暗礁」擋在你的面前，最好的方法就是握好舵，繞過去。

因此，不要只會抱怨你的老闆無才無德，還對你比手畫腳，讓你簡直對他討厭到極點，甚至四處去對別人訴說他的不是。其實，這樣做是絕對有害的，就像「天就是天、地就是地」一樣，不能顛倒過來。

因為，員工不聽老闆的要聽誰的？最妥當的做法是客觀地想想老闆所取得的事業成就，你會發覺他並不如你想像中那麼無能，進而你會心想也許你的老闆也有難言之隱，他其實也不想扳著臉孔對你說話，只是基於工作要求必須如此，因為他也要對自己負責，很多事情也都是身不由己，批評你也並非出於他的本意。

即便你的老闆真的在無理取鬧，你也不要因此而一味地抱怨指責，相反，這可能是你表現的好機會，因為，你只需堅持正確的做法就可以，也就是只要最後的結果證明你是對的，便會讓你的老闆啞口無言。

一分鐘正向思考

當你聽到公司有什麼謠言或傳聞，不妨悄悄轉告老闆，但要掌握什麼原則？

一、措詞與表達方式需要特別注意，說話簡明、直接最為理想。

二、因為，忠誠不是獻媚，不是奉承說好話，該堅持原則的時候，一定要堅持。

88

你要懂得在關鍵時刻為老闆出力

—如果你能在關鍵時刻為老闆出力，老闆才能真正地認識與瞭解你。

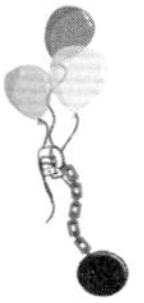

其實，每個人在最關鍵的時候才最需要幫助，當然，老闆也不例外。因此，不要錯過可以在老闆面前，表現自己的大好機會。也就是當某項工作陷入困境之時，沒有一個人肯挺身而出，你如果能大顯身手，老闆能不特別賞識你嗎？另外，當老闆有了過失，你若能跳出來幫他攬下責任，他能不感激你終生嗎？

老闆每天都要承擔很多工作和責任，因此，當你聽到一些與老闆有關的消息，而想要轉告老闆時，你應該自問這是真實的嗎？是你親眼看到的嗎？需不需要進一步證實？

而當消息被確認之後，你不應該只報喜而不報憂，因為，反映問題應該是全面的，因此，你還應該順便提出一些建議，以協助老闆找到更好解決問題的辦法。

其實，老闆也需要有自己的「鐵哥們」、「死黨」，因此，在關鍵時刻，如果你能挺身而出為老闆出力，這樣不只會讓老闆覺得你在為他分憂解勞，而且，他還會將你當成自己的得力助手。

所有老闆都喜歡員工對自己忠心耿耿，而且，忠誠於老闆和公司也是一個員工最起碼的職業道德，而你要表示自己忠心的最佳的方法，就是永遠站在老闆這一邊。如果你真的這樣做，你的老闆會看在眼裏，進而會對你日漸產生好感。

一分鐘正向思考

當你聽到一些與老闆有關的消息而想要轉告老闆時，你應該怎麼做？

一、你應該自問這是真實的嗎？是你親眼看到的嗎？需不需要進一步證實？

二、當消息被確認後，你也不應該只報喜而不報憂，而應該順便提出一些建議。

89

只要遞出辭呈，就千萬不要回頭

——一旦決定辭職就別三心二意，既然已經捅破那層面紗，就堅決辭職吧。

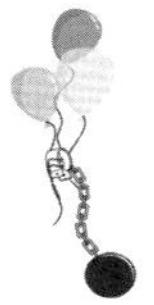

工作精疲力盡，彷彿職場生涯走到了盡頭。於是，你想到了辭職，遠離這個讓你心力交瘁的地方。但是你必須明白，不管是什麼原因造成你想辭職的困境，都要再做一番努力試試，譬如和同事建立友誼，讓大家給予你支持和幫助；與上司多溝通，增加你和他的互相認識，提些良好的建議，讓他更加依賴你。

但要記住，真想辭職就堅決辭，一旦決定就不要猶豫。特別是當你遞交了辭呈，不管什麼理由，再留下來就是一個莫大的錯誤。

小傑在遞上辭呈後，老闆執意要挽留他，而且態度誠懇，好像缺了他，公司就無法運行似的，小傑受到感動，於是，決定要在公司裏好好繼續的做下去。

想不到一個月後，老闆把他叫到辦公室，面無表情地通知他被資遣了。小傑覺得自己像被耍弄似的，很不服氣地責問老闆，不料老闆卻承認他是存心這樣做的，目的就是要他任何一樣都得不到。

當然，像這樣心胸狹窄的老闆並不多見，但如果你有了去意並且提了出來，那就堅決辭職吧，千萬不能猶豫，因為你提出過辭職的事，老闆對你多多少少會存有戒心。

所以說，你一旦想跳槽，只要辭呈一提出時，就千萬別留戀老闆一時的挽留，因為，既然已經捅破了那層面紗，就堅決辭職吧。

一分鐘正向思考

不管什麼原因造成你想辭職的困境，都要嘗試做以下兩點努力。

一、和同事建立友誼，讓大家給予你支持和幫助。

二、與上司多溝通，增加你和他的互相認識，提些良好建議，讓他更加依賴你。

90 可以搞關係，但不要搞小團體

——人通常喜歡搞關係，但某些人搞關係是喜歡搞炒短線的功利性質關係。

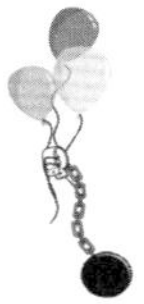

職場的成功與否，與你是否建立穩固的人際關係有很大的關係。儘管我們一再宣稱在現代社會打拚靠的是實力，但誰能否認在一個強大關係網支持下，一個人所具有的實力呢？

穩固、有效的人際關係核心，必須由你能靠得住的一些人或團體組成，這可以包括你的朋友、家庭成員和那些在你職場生涯中彼此聯繫緊密的人或組織。大家相互支持和依靠，有了歡樂共同分享，有了困難一起克服，這裡不存在著勾心鬥角，爾虞我詐，他們不會在背後給你捅刀子，相反會從心底為你著想。

當雙方建立了穩固的關係時，會撞擊出強大的能量，使彼此的能力得到盡情發揮。所以一個人要融入團隊，真正打進自己所需要的那個圈子。另外，要多方結交朋友，從最基本的信任開始，首先是公司的同事，然後是更廣闊的範圍，也就是透過結識朋友，發現自己的特長和今後要從事的道路，這可能是一種意外的收穫。

不過，當你對職場關係有所意識，並開始選擇可以助你一臂之力的朋友時，你不得不卸掉一些關係網中已經是累贅的包袱，其中或許包括那些相識已久，但對你的職場生涯無所幫助的人。

一分鐘正向思考

為什麼儘量不要炒短線搞關係？

一、炒短線搞關係是一種功利性關係，而這種功利性關係根本無法帶來信任。

二、炒短線搞關係也許能促成合作，但無法建立信任，也無法維持長期而穩定的支持。

Chapter 10

完美就像一副用自我期許打造的枷鎖

——即便你傾盡所有時間和精力，可是到最後終究還是不夠完美。

有的人不允許自己的工作出一點紕漏，結果越擔心就越出問題，把自己累得半死，照樣錯誤連連。

91 不管你的上司怎樣，都要先尊重他

─你沒有理由小看或不服從你的上司。

一家公司的關係管理如果有問題，就可能會出現「團體衝突」的矛盾，這是極其危險的跡象，因為，此時所有的小團體都不再為公司這個大團體、大組織效力，大家可能為了相互的利益而爭鬥，把所有的精力都放在爭鬥上面，最終的結果常常是公司蒙受損失。

判斷公司內部是否存在團體衝突的現象，就先要看公司是不是存在著小團體，他們在做什麼，是否溝通，溝通的成果怎樣？如果是形成幾個小團體，而他們之間的溝通很少，甚至根本不溝通，各自為政，這就存在團體衝突的危險。

因此，應該倡導在公司內部嚴格杜絕派系，也就是關係是可以建立，但派系絕

對不可以存在，因為，一旦有了派系爭鬥，對企業的危害，會遠遠大於它可以提供的利益。

對你的上司，既要尊重他又要配合好。不管你的上司怎樣，上司做到今天這個職位上，必定有某些你比不上的長處，值得你虛心學習借鑒的，你沒有理由小看他或不服從，你所要做的就是尊重，尊重他的人格和能耐。

有建議提出不是不可以，而是要上司能夠接納你的觀點，並且做到有禮有節、有分寸地去拿捏。且在提出質疑或意見以及建議前，一定要拿出詳細足以讓上司心服口服的資料計畫，這是做部屬的本分。

一分鐘正向思考

不要小看或不服從自己的上司。

一、上司能成為上司，必定有某些你比不上的長處，值得你虛心學習借鑒。

二、你沒有理由小看他或不服從，你所要做的就是尊重他，尊重他的人格和能耐。

92 幫助部屬，其實就是在幫助自己

—因為部屬們的積極性發揮得越好，工作就會完成得越出色。

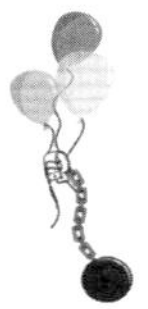

對同事要多理解與支持，同事是你的工作夥伴，對同事的要求不能什麼事都要順你的意思，在發生誤解和爭執的時候，要學會換位思考，站在對方的立場上去想一想，多理解一下對方的處境和難處，必要的時候要給予支持和幫助。

當然，支持不可盲目，因為，不分青紅皂白而無條件的支持，只會導致更大的錯誤，也會讓人懷疑是在拉幫結派。

對周圍的朋友要勤聯絡多溝通，因此，不管什麼時候都要記得給朋友打電話、寫信、發電子郵件，哪怕只是偶爾用Line問候一下，也能拉近彼此的距離。

然而，對自己的部屬要多幫助及仔細聆聽，幫助部屬，其實是在幫助自己，因為，部屬們的積極性發揮得越好，工作就會完成得越出色，也可以讓你自己獲得更多的尊重。

比如，部屬犯了錯誤，做為上司一味指責不但解決不了問題，甚至加重部屬的負擔，雖然批評是必要的，但更重要的是幫他分析原因，找出改正的方法，這樣部屬會感謝你。

另外，在你的工作生活中，處處都有競爭對手，很多人常犯的一個錯誤就是把競爭對手當成敵人。事實上，對手也可以成為你的老師，當你超越對手時，沒必要蔑視他；當他在你前面時，也不必忐忑不安，想方法對付，而是要悉心觀察你的對手，向你的對手學習，這樣你就可以懂得更多，進步得更快。

一分鐘正向思考

做為上司的你，要如何面對犯了錯誤的部屬。

一、不要只會指責，因為一味指責不但解決不了問題，甚至加重部屬的負擔。

二、雖然批評是必要的，但更重要的是幫他分析原因，找出改正的方法。

93 完美就像一副用自我期許打造的枷鎖

—即便你傾盡所有時間和精力，可是到最後終究還是不夠完美。

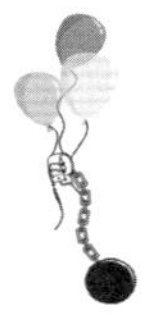

傳說有位漁夫打魚的時候，意外得到一顆圓潤的大珍珠，但美中不足的是珍珠上有個小黑點。他想如果能把小黑點去掉，珍珠就可以變成無價之寶了。於是，漁夫就用刀子往下剝，可是剝一層，黑點還在，再剝一層，黑點依舊。

就這樣一層一層剝到最後，黑點被剝光了，珍珠也沒有了。其實，黑點正是珍珠渾然天成，不著痕跡的可貴之處。

美在自然，在質樸，在真切。漁夫想追求美的無瑕極致，在他消除所謂不足的同時，美也消失在這種追求中，美的真正價值不在於它的完整，而在於那一點點的殘缺。

職場中，每個人都有這樣的願望，把工作做得更加完美，不出一點點的紕漏，然而，完美就像一副枷鎖，讓人們傾盡所有時間和精力，可是到最後終究還是不能夠完美。

其實，完美主義有各式各樣的表現，譬如有的人不允許自己在會議上講話時出錯，可是一發言就緊張，結果越緊張就越出錯，形成惡性循環。

有的人不允許自己的工作出一點紕漏，結果越擔心就越出問題，把自己累得半死，照樣錯誤連連。其實，追求完美的人才是真正的弱者，他們甚至弱到縮手縮腳，患得患失，擔驚受怕，完美主義者的問題正是在於恐懼缺憾，害怕失敗。

一分鐘正向思考

沒有一點殘缺，就無法凸顯美的真正價值。

美的真正價值不在於它的完整，而在於那一點點的殘缺，就如同沒有手臂的維納斯一樣。

94 不要被薪資牽著鼻子走

—擺脫「薪資」控制，你就能擺脫任何不利的狀況，踏進成功者的行列。

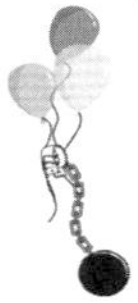

經常有人抱怨：老闆給的待遇太低，覺得老闆只出錢辦了公司，沒有做具體企業管理方面的事情，而公司的事情都是自己做的，市場是自己打下來的，憑什麼你拿那麼多利潤，而只給我可憐的工資？這難道公平嗎？於是便忿忿不平。

這種想法無疑是錯誤的。一個人若只是為薪資而工作，把工作當成解決麵包上問題的一種手段，而缺乏更有遠見的眼光，最終吃虧的可能就是你自己。也就是在斤斤計較薪資的同時，失去了寶貴的經驗、難得的訓練，以及能力的提高，而這一切都較之金錢更有價值。

假如你想成功，對於自己的工作，最起碼應該這樣想：投入職場生活，我是為了生活，更是為了自己的未來而工作，薪資的多與少並不是工作的終極目標，我所看重的是可以因為工作而獲得大量的知識和經驗，以及踏進成功者行列的各種機會，這才是有著極大價值的報酬。

所以，你永遠不要驚訝於某個薪資微薄的同事，忽然提升到重要位置。因為，他在拿著與你相同、甚至還少的薪資時，已經付出一倍，甚至數倍於你的努力。

正所謂「不計報酬，報酬更多」。因此，不管你從事什麼行業的工作，都要全心全意地投入其中，不要被薪資牽著鼻子走。

一分鐘正向思考

假如你想成功，對於自己的工作，最起碼應該有以下兩點想法。

一、投入職場生活，我是為了生活，更是為了自己的未來而工作。

二、薪資多少並不是工作的終極目標，我所看重的是可以因為工作而獲得大量的知識和經驗。

95 該出手的時候就不要猶豫

—該出手的時候就出手，因為又不是你的錯，為什麼要蒙受不白之冤？

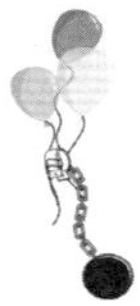

職場中，差不多每個人都會遇到這種情形：本來不是你的過錯，卻被上司罵得狗血淋頭，你的工作本來頗有成效，卻橫遭誤解，一肚子的委曲該怎麼辦？

想找上司說清楚，又怕被誤認為辯解或不服從，但不說又不甘心。

其實，你沒有必要左右為難，更沒必要害怕。遇到這種情況，你就是要真實的把情況說清楚，該出手的時候就出手，不是你的錯，為什麼要蒙受不白之冤？

就算是上司也沒有權力誣人清白，抹人功績，該出手辯駁就應出手，但出手時要注意方法，出手得當，一切都會煙消雲散，上司還會感到內疚，如果出手不當，就只會越抹越黑。

上司一般有三種類型。統帥型的上司，一般主觀意識非常強，說一不二，且只喜歡別人服從。多慮型的上司，思慮謹慎、嚴密，做事仔細，他喜歡的部屬是聰明的。寬容型的上司，重視人和，但他還是可能誤解你，不過這種上司容易溝通。因此，先弄清楚上司是哪種類型，然後再出手。但出手之前，還要確認以下三件事：

一、確認自己真的沒有錯。

二、確認主管和你自己的評估落差，不是因為層級不同的關係。

三、確認以上兩點後，你還要確認什麼時機和進退策略是主管比較容易接受。因為，不是有了理就可以去指責別人，如果拿捏不好，有理也會變成無理。

一分鐘正向思考

如何跟不同類型的上司互動？

一、面對統帥型的上司，你最好讓他自己發現錯誤。

二、面對多慮型的上司，要循著他的邏輯，引用證據說服他。

三、面對寬容型的上司，則不要忘記在眾人面前奉承他。

96

盡早做出最適合自己的選擇

—你必須認清自己的方向和目標，做出正確的判斷和選擇。

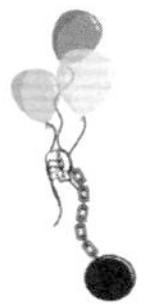

做為一個上班族，看到周圍朋友都在創業，於是也動起創業念頭，但你一直顧慮目前的工作還算不錯，老闆也很器重你，現在辭職出去創業，萬一失敗，很可能讓自己落到兩頭空的窘境。

但是，魚和熊掌不可兼得，你必須認清自己的方向和目標，做出正確的判斷和選擇。當然要放棄也許會有些不捨，但是要知道，今天的放棄是為了明天的得到，所以該放棄的時候，就必須大膽地放棄。

露西從她工作十年的廣告公司辭職了，所有人都為她惋惜。因為，露西是公司的市場總監，月薪一萬美元，更重要的是，她一直是老闆特別倚重的人。

露西辭職後，成立一個工作室，除了為慕名而來的顧客做一點設計、攝影或撰稿，更多的時間則是用來照料那些被遺棄的小動物。

露西的感嘆是，從前以為自己的需要是那麼多，月薪一萬美元還感覺像窮人，現在才發現自己需要的是那麼少，即使所賺不多，但天天心情愉快。

沒過多久，露西的老闆來看她，並說服她再回到公司工作，但當他看到露西臉上呈現出以前在公司看不到的快樂笑容，老闆終於明白，現在的露西即使讓她做ＣＥＯ，她也不可能會答應的。

其實，任何選擇都是很痛苦的，然而，再如何痛苦你也必須做出選擇，關鍵是要弄清楚自己究竟想要什麼，值不值得為了一棵小樹，而放棄整片森林。

一分鐘正向思考

一個人想獲得成功，想擁有一個美麗人生，必須找到人生方向。

一、應該認清楚自己的人生方向和目標，並做出正確的選擇

二、應該勇敢地放棄，尋找適合自我生存和發展的空間。

97 再嚴重的錯誤，也要想辦法找到開鎖的鑰匙

─要找到打開這把鎖的鑰匙，必須先知道自己錯在哪裡？

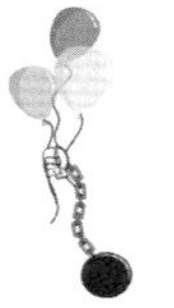

幾乎每一個員工都會犯下錯誤，所有犯錯的員工最怕老闆抓住錯誤不放，這種滋味實在是很難受。其實，錯誤是躲不過去的，總有一天你還是要解決問題。

總之，這把鎖一定要打開，如果是老闆來打開它，那你就被動了。所以，不管錯誤多麼嚴重，你都不要試圖逃避，想辦法找到鑰匙，打開這把鎖，一切都會煙消雲散。然而，要找到打開這把鎖的鑰匙，必須先知道自己錯在哪裡？而聰明人與愚蠢人的區別就在此了。

治病要找到病源，與老闆溝通之前，你就應該知道自己的問題在哪裡，如果確實不知道自己錯在哪裡，你可以坦白且虛心地向平時跟你關係較好的同事請教，或

直接請老闆指出。

關鍵要知道錯在何處、如何出的錯。你自己能找出根源當然最好，老闆會認為你對問題有深刻的認識，會更加信任你；讓老闆幫你指出，起碼也能讓老闆知道你有一顆誠心，想改掉錯誤。

另外，不要試圖推卸責任，錯誤是抹不掉的，一個公司最忌相互扯後腿，推卸責任。承擔責任是一個員工的天職，把錯誤推向他人，亂拉其他人員下水，以此來減輕或者開脫自己罪責的辦法，其實是很不負責任的。

正確做法應該是，無論別人有沒有錯，自己的事情做錯了，就要擔負起自己的這份責任。

一分鐘正向思考

如果確實不知道自己錯在哪裡，可以怎麼做？

一、可以虛心地向平時跟你關係較好的同事請教，或直接請老闆指出。

二、向別人請教的關鍵，主要是必須知道自己錯在何處、如何出的錯。

98

仔細地修正每一步，你的路才不會走錯

—修正自己應該是從你走出的每一步、每個細節開始才是有效的。

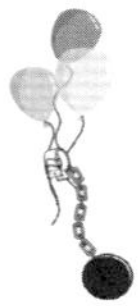

在職場中奮鬥，如果不具備調整修正腳步這種彈性的心理素質，就會經常遇到困境，陷入世事的漩渦中不能自拔，所以這種修正，應該是從你走出的每一步、每個細節開始才是有效的。

在工作中，你應該特別注意從以下幾個細節，來看看你的步伐，是否偏離了正途。首先，要捫心自問，是否經常背地裏算計別人，因為，算計別人是職場中最危險的行為之一，任何人都對這種行為極端的痛恨。

如果你把算計別人變成一種習慣，輕則被同事所唾棄，重則失去飯碗，甚至身敗名裂。因為，公司裏是不允許有這種行為的人，來破壞公司的秩序。而且，算計別人的人，總有一天會被別人知道，因此，別人也會用同樣的方法來對付你。另外，你還要問自己是否經常帶著情緒工作，因為，有些人看到自己不喜歡的人或事情，就怒形於色地表現出來，儘管這可能出自於你的天性，但是如果不克服掉，也會對你的職場生涯帶來危害。

每個人都有自己的好惡，對於自己不喜歡的人或事，要儘量學會包容或保持沉默。你的好惡不一定合乎別人的標準，如果你經常輕易地評論別人，同樣會招致別人的厭惡，造成自己樹敵過多。但是，如果你學會包容別人，就會贏得別人的支持與尊重。總之，把不滿或其他不利於工作的情緒表露出來，只會說明你還不夠成熟，不懂得把自己的情緒與工作隔離開來。

一分鐘正向思考

如果你把算計別人變成為一種習慣，會有什麼後果？

一、輕則被同事所唾棄。

二、重則失去飯碗，甚至讓自己身敗名裂。

99

同事之間應該有真誠的友誼

—如果在你的朋友裏面沒有你的同事，就要反省自己了。

同事相處除了互相支持，還有互相競爭的時候，如何看待和處理這層關係，是很重要的。因此，適當地使用「接受」與「拒絕」是調整這層關係的有效方法。因為，一個只會拒絕別人的人，會招致大家的排斥。而一個只會對別人讓步的人，不但會被認為沒有能力，而且不堪重任，還容易被人利用，成為別人手裏的一張牌。所以在工作中，該讓步時就讓步，不該讓步就堅決不讓。

然而，在現代的社會裏，窺探別人的隱私，已經被認定是個人素質低下，令人厭惡至極的行為。因為，每個人都有屬於自己的秘密，因此，我們除了要學會尊重他人以外，在與同事的交往中，還要學會保持適當的距離，不要隨便侵入他人的私人領域。

另外，同事之間該不該有真誠的友誼？答案是肯定的。如果在你的朋友裏面沒有你的同事，就要反省自己了。因為，離你最近的同事都不肯與你做朋友，肯定是你本身發生了問題。

更何況，害怕與同事做朋友，不僅少了一個生活上的朋友，更少了工作上的支持與幫助。因為，所有的工作通常是由大家共同來完成的，如果平時與同事格格不入，在關鍵時刻，同事又如何會伸出援助之手呢？

一分鐘正向思考

同事之間，當然應該有真誠的友誼。

一、因此，如果在你的朋友裏面沒有你的同事，你就要好好地反省自己了。

二、因為，離你最近的同事都不肯與你做朋友，肯定是你本身發生了問題。

100

好馬當然可以吃「回頭草」

——只要你感覺「回頭草」比你現在的工作「鮮嫩」。

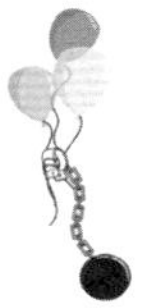

安妮辭掉一份工作環境和薪資都不錯的公司，到一家相對小的公司裏做部門經理。不久她就發現，這裡根本就不適合她，當初承諾的一切都變成肥皂泡沫不說，更令她受不了的是，這裡的人都沒進取心，她根本無法施展自己的才華。

然而，想回到原來的公司也不是不可以，因為之前老闆曾給她一個承諾：「什麼時候想回來，隨時歡迎。」但這是客套話？還是真心話？她搞不清楚。

其實，對於員工的求去，尤其是管理階層員工的請辭，不少企業或許會盡力挽留，但最後還是會尊重他們的決定，可是當初辭職的員工要求復職時，企業會接受嗎？

俗話說：「好馬不吃回頭草。」可是在現今人才競爭越來越激烈的大環境下，員工的流動在職場上已經司空見慣，而且，有誰規定「回頭草」不可以吃？只要感覺「回頭草」比現在的工作「鮮嫩」，回頭又何妨？

當初你決定離開，必然有離開的理由。而現在選擇回來的原因又是什麼？你還會不會再跳槽？你的老東家不能不有所顧慮。

然而，在部分企業的觀念裏，接受一個曾經離職員工的重新返回，很大程度上是因為他們的重返能給企業發展帶來幫助。而且，從另一個層面來說，他們吃「回頭草」，也給企業員工帶來一個外面世界未必比較精彩的訊息。

一分鐘正向思考

好馬可以吃「回頭草」的理由。

一、現今人才競爭越來越激烈的大環境下，員工流動在職場已經司空見慣。

二、只要你感覺「回頭草」比你現在的工作「鮮嫩」，回頭又何妨。

國家圖書館出版品預行編目資料

就算戴著腳鐐，也要舞出自己的風格 / 侯吉著. --
初版. -- 臺北市 : 種籽文化, 2018.08
面 ; 公分
ISBN 978-986-96237-4-2(平裝)

1.自我實現 2.生活指導

177.2 107012506

Concept 115

就算戴著腳鐐，也要舞出自己的風格

作者 / 侯吉
發行人 / 鍾文宏
編輯 / 編輯部
美編 / 文荳設計
行政 / 陳金枝

企劃出版/喬木書房
出版者 / 種籽文化事業有限公司
出版登記 / 行政院新聞局局版北市業字第1449號
發行部 / 台北市虎林街46巷35號 1 樓
電話 / 02-27685812-3 傳真 / 02-27685811
e-mail / seed3@ms47.hinet.net

印刷 / 久裕印刷事業股份有限公司
製版 / 全印排版科技股份有限公司
總經銷 / 知遠文化事業有限公司
住址 / 新北市深坑區北深路 3 段 155 巷 25 號 5 樓
電話 / 02-26648800 傳真 / 02-26640490
網址：http://www.booknews.com.tw(博訊書網)

出版日期 / 2018年08月 初版一刷
郵政劃撥 / 19221780戶名：種籽文化事業有限公司
◎劃撥金額900(含)元以上者，郵資免費。
◎劃撥金額900元以下者，若訂購一本請外加郵資60元；
劃撥二本以上，請外加80元

定價：250元

喬木書房

喬木書房